Christelle Courrège
Céline de Sousa

KOCHEN fürs Baby und die Familie

100 Rezepte mit jeweils 4 Varianten

Bibliografische Information der Deutschen Nationalbibliothek
Die Deutsche Nationalbibliothek verzeichnet diese Publikation in der Deutschen Nationalbibliografie.
Detaillierte bibliografische Daten sind im Internet über http://d-nb.de abrufbar.

Für Fragen und Anregungen
info@rivaverlag.de

1. Auflage 2020
© 2020 by riva Verlag, ein Imprint der Münchner Verlagsgruppe GmbH
Nymphenburger Straße 86
D-80636 München
Tel.: 089 651285-0
Fax: 089 652096

Die französische Originalausgabe erschien 2019 bei Larousse unter dem Titel *Je cuisine pour bébé et toute ma famille*. © 2019 by Larousse. All rights reserved.

Alle Rechte, insbesondere das Recht der Vervielfältigung und Verbreitung sowie der Übersetzung, vorbehalten. Kein Teil des Werkes darf in irgendeiner Form (durch Fotokopie, Mikrofilm oder ein anderes Verfahren) ohne schriftliche Genehmigung des Verlages reproduziert oder unter Verwendung elektronischer Systeme gespeichert, verarbeitet, vervielfältigt oder verbreitet werden.

Übersetzung und Satz: Susanne Schmidt-Wussow
Umschlaggestaltung: Pamela Machleidt und Laura Osswald, in Anlehnung an das Original
Umschlagabbildungen und Abbildungen im Innenteil: Alix Marnat; Kovalov Anatolii/shutterstock.com; Katsiaryna Pleshakova/shutterstock.com; Guillaume Czertw/Styl. Alexia Janny
Layout: Camille Garrigou Beylot, Jacqueline Gensollen-Bloch
Projektkoordination: bookwise medienproduktion GmbH
Druck: Gráficas Estella, Spanien
Printed in the EU

ISBN Print 978-3-7423-1250-1
ISBN E-Book (PDF) 978-3-7453-0939-3
ISBN E-Book (EPUB, Mobi) 978-3-7453-0940-9

Weitere Informationen zum Verlag finden Sie unter
www.rivaverlag.de
Beachten Sie auch unsere weiteren Verlage unter www.m-vg.de

Vorwort

Die Ernährung von Säuglingen und Babys erfordert Fingerspitzengefühl und Wissen. Einige Eltern verfügen instinktiv über beides, vor allem in kinderreichen Familien, andere sind etwas unsicherer. Aus diesem Grund müssen auch Kinderärztinnen und -ärzte diese wichtigen Informationen weitergeben, um sicherzugehen, dass es auf diesem Gebiet nicht zu Problemen kommt.

Dennoch werden bei der Menge, der Art der Nahrungsmittel oder bei der Zubereitung oftmals Fehler gemacht. So stellen wir häufig fest, dass es viele Eltern sehr eilig damit haben, Fleisch auf den Speiseplan zu setzen. Statt der 20–25 Gramm, die ein Kind im ersten Lebensjahr pro Tag maximal bekommen sollte, verzehren manche Kinder in diesem Alter bereits das Doppelte oder Dreifache! Auch Fett und Zucker werden oft in zu großen Mengen verabreicht. Ein zweijähriges Kind sollte nicht mehr als zwei bis drei Stück Würfelzucker pro Tag zu sich nehmen; häufig ist es aber wegen gezuckerter Fruchtquarks und Keksen das Doppelte. Lang ist die Liste der alltäglichen Fehlgriffe, die oft dazu führen, dass Kinder zu viel und das Falsche essen, was später ihre Anfälligkeit dafür erhöht, zuckersüchtig und fettleibig zu werden. 15 Prozent unserer Kinder sind übergewichtig, das heißt eines von sechs Kindern!

Deshalb betrachte ich dieses Buch als nützlich und absolut notwendig für die gesunde und abwechslungsreiche Ernährung der Kleinsten. Die Rezepte sind nicht nur wirklich lecker und originell – da die Autorinnen ihr Metier hervorragend beherrschen –, sondern auch äußerst durchdacht, was Mengen und Beschaffenheit angeht.

Der Ausgangspunkt ist dabei stets ganz einfach und pragmatisch: Wie kann man das Familienessen für das jüngste Mitglied abwandeln, das gerade erst die Genüsse der festen Nahrung kennenlernt? Die Lösung: Es reicht vollkommen, je nach Alter eine fein pürierte, eine pürierte, eine passierte Variation zum richtigen Zeitpunkt und in der richtigen Menge anzubieten. So einfach kann es sein! Eine klare, verständliche, raffinierte und dazu noch schmackhafte Lösung.

Frischgebackene Eltern werden dieses Buch mit Freude und Neugier entdecken und es kaum erwarten können, die Rezeptideen umzusetzen. Ihr Baby wird begeistert sein!

Dr. Laurence Plumey
Ernährungsmedizinerin
Ärztin am Universitätsklinikum Paris, Professorin für Ernährungswissenschaften

Danksagungen

Ich danke meinen vier Nichten und Neffen, ohne die das Abenteuer niemals begonnen hätte: Chloé, Éléa, Louis und Milan.

Danke an meine Familie und vor allem an meine Eltern, die immer für mich da waren: Jocelyne und Pascal.

Ich danke Oma Céline – die berufliche und freundschaftliche Begegnung mit dir gab meinen Plänen eine ganz neue Richtung. Und auf jeden Fall die Staaten!

Mein großer Dank gebührt auch Vincent, seit vielen Jahren an meiner Seite, für sein Wohlwollen, seine Unterstützung und seinen Einsatz für meine unternehmerischen Vorhaben.

Ich danke meinen Freundinnen und Freunden, meinen ehemaligen Kolleginnen und Kollegen, die an mich glauben und mich immer unterstützen.

Christelle

Ich danke meinen Kindern Anna und Leny. Danke für eure Kraft, eure Lebensfreude und die Liebe, die ihr mir gebt. Ihr macht aus mir eine blühende, glückliche, stärkere Mutter, die ihre Träume verwirklicht.

Danke an meinen Mann Benoît für deine große Geduld, deine Ehrlichkeit, die mich manchmal zum Motzen bringt, deine besonnenen Ratschläge und deine Liebe. All das wäre ohne deine Unterstützung nicht möglich gewesen.

Ich danke meiner Schwiegermutter und meinem Schwager, die an mich glauben und mich unterstützen, als wäre ich ihre eigene Tochter und Schwester!

Danke an meine Großeltern, meine Eltern, meine Geschwister, meine Neffen und Nichten für ihre Unterstützung in Augenblicken des Zweifels, aber auch in meinen verrückten Momenten.

Ich danke meinen Großmüttern, die mir ihr Kochtalent vererbt haben!

Danke an Christelle, die ich nicht nur als Kollegin, sondern auch als Freundin sehr schätze. Inzwischen sind wir mehr als nur Partnerinnen, wir machen gemeinsam Fortschritte und wachsen!

Danke an Didier Sparano und Karine Devillers sowie das gesamte Team im »La Maison Kangourou«.

Ich danke »La Maison des Maternelles«, dass ich jede Woche für euch schreiben darf, um euch bei der richtigen Ernährung eurer Babys zu helfen.

Céline

Wir danken gemeinsam dem ganzen Team bei Larousse, vor allem Aurélie und Nathalie, die von Anfang an an uns geglaubt haben – danke, dass ihr euch auf dieses tolle Abenteuer eingelassen habt.

Danke an Camille, ein Paradebeispiel für wertvolle Begegnungen in den sozialen Netzwerken, für deine Geduld und Kreativität bei allen Projekten von »Ma Petite Assiette« und an Alix für die schönen Fotos in diesem Buch.

Und einen großen Dank an Sie, liebe Leserinnen und Leser. Wir hoffen, das Buch beantwortet Ihre Fragen und bringt Sie auf neue Ideen, wie Sie Ihre Kinder täglich mit neuen Köstlichkeiten verwöhnen können.

Die Autorinnen

Christelle Courrège

Als vierfache Tante (und dreifache Patentante!) habe ich über zehn Jahre im Bereich Marketing und Kommunikation gearbeitet, bevor der starke Wunsch, mich selbstständig zu machen, und meine schon immer bestehende Leidenschaft für Ernährung und Gesundheit mich dazu brachten, nach etwas zu suchen, was Kindern (und Eltern) helfen könnte, sich gesünder zu ernähren.

Anfang 2018 gründete ich das Unternehmen »Ma Petite Assiette«, das einfache und innovative Produkte entwickelt, die die Ernährung von Babys von der ersten Beikost an erleichtern.

In diesem Zusammenhang nahm ich Kontakt mit Céline De Sousa auf, die ich aus der Sendung *La Maison des Maternelles* kannte und die sich sofort für mein Projekt begeisterte und meine Teilhaberin wurde. Es war der Beginn einer wunderbaren Freundschaft! Unsere gemeinsame Leidenschaft für gutes Essen verlieh uns Flügel!

Und nun halten Sie also unser erstes Buch in Händen, in dem wir versucht haben, alle wesentlichen Informationen für einen gelungenen Beikoststart und eine ausgewogene Ernährung zusammenzutragen. Mit 100 Rezepten hilft Céline Ihnen dabei, beides auch im Alltag umzusetzen: dasselbe Gericht für die ganze Familie, je nach Alter des Babys werden nur Mengen, Bestandteile und Beschaffenheit angepasst.

Céline De Sousa

Ich wusste schon immer, dass ich das Kochen zum Beruf machen würde. Bereits früh folgte ich meiner Leidenschaft und schloss mich dem Team der Spitzenköchin Anne-Sophie Pic in Valence an. Diese fantastische Erfahrung prägte mich und begründete meine Vorliebe für hochwertige, regionale Nahrungsmittel.

Nach meinen Abschlüssen beschloss ich, zu neuen Ufern aufzubrechen und nach Paris zu gehen. Dort kochte ich erst bei Éric Briffart, später im Team von Cyril Lignac.

Als ich Mutter wurde, trat ich der Organisation »Annexe Kangourou« bei, wo ich eine Fortbildung in Säuglingsernährung absolvierte und schließlich als Küchenchefin für das Programm »Bavoir & Tablier« verantwortlich zeichnete, das ich seitdem auch in der Sendung *La Maison des Maternelles* im Fernsehen präsentieren darf.

Als Christelle sich vor einigen Monaten an mich wandte, war ich von ihrem Projekt sofort begeistert. Ich hatte auch schon mehrere Ideen für Produkte zur besseren Ernährung von Babys. Meine Auffassung war es immer, dass man allein schneller vorankommt, zusammen aber weiter. Es war also nur eine natürliche Entwicklung, dass ich Christelle auf ihrem Abenteuer mit »Ma Petite Assiette« begleitete.

Ich bin wirklich sehr stolz auf dieses Buch und die 100 Rezepte, die Ihnen hoffentlich den Alltag erleichtern werden.

Inhalt

DIE ERNÄHRUNG DES BABYS – GRUNDLAGEN — 8

Der Beikoststart 10	Zucker 27
Vom Stillen zur Beikost 13	Nahrungsmittel-Neophobie 28
Kleine Portionen aufbewahren 15	Allergien und Unverträglichkeiten 30
Die Nährstoffe 17	Übersicht: Mahlzeiten nach Alter 32
Milch und Milchprodukte 18	Obst und Gemüse im Frühling 34
Stärkehaltige Lebensmittel und Getreide 21	Obst und Gemüse im Sommer 35
Fleisch, Fisch und Eier 23	Obst und Gemüse im Herbst 36
Fette 25	Obst und Gemüse im Winter 37
Salz 26	Mahlzeiten nach Jahreszeit 38

VORSPEISEN — 40

Gazpacho aus Gurke, Melone und Minze 42	Bruschetta mit Thunfisch und Feldsalat 68
Rote-Bete-Gazpacho 44	Wraps mit Gemüse und Grillhähnchen 70
Oma Paulettes Taboulé 46	Oma Owczareks Reibekuchen 72
Kleine Buddha Bowl 48	Fischbällchen 74
Zucchini-Walnuss-Cranberry-Maki 50	Spargelsuppe mit Meerrettichsahne 76
Kaltes Mischgemüse 52	Zucchini-Rucola-Suppe 78
Selleriesalat mit Quark 54	Bohnencremesuppe mit Haselnüssen 80
Radicchiosalat mit Roquefort 56	Möhrensuppe mit Koriandergrün und
Salat mit Fenchel, Apfel und Cranberry 58	Kreuzkümmel 82
Möhrensalat mit Knoblauch und Ingwer 60	Oma Claudes Pastete 84
Scharfer Thai-Salat 62	Kürbis-Spinat-Tarte 86
Salat mit Papaya und Erdnuss 64	Tarte mit Lauch, Ziegenkäse und Honig 88
Oma Pascales Reissalat 66	Opa Pascales Gemüsetortilla 90

HAUPTGERICHTE — 92

Baskisches Hähnchen 94	Putenschnitzel mit Crème fraîche und Steckrüben 108
Brathähnchen mit Kartoffelgratin	Entenbrust mit Feigen 110
wie bei Oma Pascale 96	Hackfleisch-Kartoffelpüree-Auflauf 112
Hähnchen-Tajine mit Zitrone und Oliven 98	Kaninchenpäckchen mit Zucchini
Masala-Hähnchen 100	und Pesto 114
Paella 102	Lasagne mit Rind, Brocciu und Spinat 116
Curryhähnchen mit Reis und Kürbis 104	Cannelloni mit Rind und Champignons 118
Putencurry mit Kokosmilch 106	

Spaghetti bolognese	120	Pastilla mit Lamm und Wintergemüse	156
Hamburger mit Süßkartoffelfritten	122	Kabeljau mit Bulgur, Spargel und Romanesco	158
Bœuf bourguignon	124	Lachs mit zweierlei Tagliatelle	160
Oma Pascales Eintopf	126	Dorade mit Zitrus-Zucchini-Füllung	162
Chili con Carne	128	Gebratener Thunfisch mit Zucchini	164
China-Fleischbällchen mit Glasnudeln	130	Lachs à l'orange mit Kartoffel-Chayote-Püree	166
Gemüse mit Hackfleischfüllung	132	Panierter Kabeljau mit Selleriepüree	168
Oma Pascales Kalbsfleischfrikassee	134	Risotto mit Lauch und Kabeljau	170
Ossobuco	136	Gnocchi mit Blumenkohl und Seelachs	172
Jägerbraten mit grünen Bohnen	138	Hechtnocken mit Brokkoli	174
Eintopf	140	Pizza mit Thunfisch, Kapern und Oliven	176
Würstchencurry	142	Papidounes einfache Fischsuppe	178
Linseneintopf mit Würstchen	144	Rettichcreme mit Jakobsmuscheln	180
Hörnchennudeln mit Schinken und Sellerie	146	Oma Pascales Ratatouille	182
Oma Roses Lammragout	148	Polenta-Auberginen-Mozzarella-Gratin	184
Oma Patricias Lammkeule	150	Sechs-Gemüse-Suppe	186
Moussaka	152	Oma Paulettes Pestosuppe	188
Oma Claudes Couscous	154	Polnische Rote-Bete-Suppe	190
		Oma Patricias Schakschuka mit Eiern	192

DESSERTS _____ 194

Melonen-Gazpacho mit Zitronenverbene	196	Kiwi-Muffins	222
Obstpäckchen mit Gewürzen	198	Apfelkuchen	224
Christelles Beeren-Crumble	200	Schoko-Bananen-Kuchen	226
Bratäpfel mit Gewürzen	202	Oma Roses Weihnachtskuchen	228
Milchreis mit Birnen	204	Hippen	230
Pfirsich-Vanille-Tiramisu	206	Katzenzungen mit Rosinen	232
Mango-Passionsfrucht-Mousse	208	Mandelkuchen mit Pistazien und Himbeeren	234
Flan	210	Oma Patricias Zitronen-Madeleines	236
Oma Roses Clafoutis	212	Französische Brioche	238
Oma Patricias Apfeltarte	214	Bananencrêpes	240
Rote-Johannisbeer-Tarte	216	Himbeerwaffeln	242
Himbeer-Charlotte	218	Ananas-Limette-Minze-Sorbet	244
Vanillekuchen mit Mangopüree	220		

REGISTER _____ 246

- Rezepte alphabetisch 246
- Rezepte nach Hauptzutaten 248

Die Ernährung des Babys – Grundlagen

Der Beikoststart 10
Vom Stillen zur Beikost 13
Kleine Portionen aufbewahren 15
Die Nährstoffe 17
Milch und Milchprodukte 18
Stärkehaltige Lebensmittel und
    Getreide 21
Fleisch, Fisch und Eier 23
Fette 25
Salz 26
Zucker 27
Nahrungsmittel-Neophobie 28
Allergien und Unverträglichkeiten ... 30
Übersicht: Mahlzeiten nach Alter ... 32
Obst und Gemüse im Frühling 34
Obst und Gemüse im Sommer 35
Obst und Gemüse im Herbst 36
Obst und Gemüse im Winter 37
Mahlzeiten nach Jahreszeit 38

DIE ERNÄHRUNG DES BABYS – GRUNDLAGEN

Der Beikoststart

So nennt man den Moment, in dem Sie Ihrem Baby erstmals andere Nahrungsmittel als Milch geben. Von nun an gewöhnt es sich allmählich an einen abwechslungsreichen Speiseplan, der in etwa aussieht wie Ihrer und sich nur durch zusätzliche Milchportionen unterscheidet.

Ab wann?

Je nach Empfehlung Ihres Kinderarztes und Ihrem eigenen Gefühl sollte der Beikoststart **frühestens im Alter von 4 Monaten erfolgen, nicht früher.**

- **Zwischen 4 und 6 Monaten** bleibt Milch das Hauptnahrungsmittel. Jetzt ist Ihr Baby aber auch am empfänglichsten für neue Geschmackserlebnisse.
- **Nach 6 Monaten** bekommt das Baby mittags eine komplette Mahlzeit und geht dann allmählich zu je einer Mahlzeit mittags und abends über. Die Milchmahlzeiten treten zunehmend in den Hintergrund, sind aber weiterhin sehr wichtig für die gesunde Entwicklung.

Warum?

- **Vor dem vollendeten 4. Lebensmonat** kann die Einführung von Beikost zur Entstehung von Nahrungsmittelallergien führen.
- **Nach 6 Monaten** verändern sich Nährstoffbedarf und die körperlichen Bedürfnisse Ihres Babys (Zahndurchbruch!), sodass Milch allein sie nicht mehr abdecken kann. Daher ist es wichtig, zwischen 4 und 6 Monaten mit der Beikost zu beginnen.

Tipps für einen erfolgreichen Beikoststart

- **Zwischen 4 und 6 Monaten** bleibt Milch das Hauptnahrungsmittel für Ihr Kind.
- **Zwischen 6 Monaten und 3 Jahren** braucht es 2 bis 3 Still- oder Flaschenmahlzeiten pro Tag, das entspricht 500 ml Milch.

Respektieren Sie seinen Rhythmus: Manche Kinder entdecken gern neue Nahrungsmittel, andere brauchen etwas länger. Lassen Sie Ihrem Baby Zeit, sich an die Veränderung zu gewöhnen. Wenn es ein Nahrungsmittel verweigert, bieten Sie es ihm **später noch einmal an.**

Passen Sie nach und nach die Beschaffenheit an: Beginnen Sie mit fein pürierten Breien und gehen Sie dann zu pürierten, zu passierten und schließlich zu stückigen Mahlzeiten über. Vorsicht vor Breimahlzeiten aus der Flasche: Sie führen leicht zu Überfütterung. Achten Sie also auf die Menge. Langes Nuckeln an der Trinkflasche kann außerdem zu Karies führen.

Immer nur eine Veränderung: Die Beikosteinführung ist eine große Veränderung im Leben eines Babys. Führen Sie daher nicht zu viel Neues auf einmal ein. Immer nur eines: neues Gemüse, neue Beschaffenheit (fest oder flüssig), neuer Behälter (Fläschchen oder Löffel) etc.

Verringern Sie die Anzahl der Mahlzeiten von 5 bis 6 auf 4 bis 5 pro Tag. Erhöhen Sie dabei je nach Appetit Ihres Kindes die Menge, um eine ausreichende Zufuhr von Nährstoffen sicherzustellen.

Gemüse und Obst einführen

Gemüse

- *Ja* → Leicht verdauliche Gemüsesorten
- *Nein* → Ballaststoffreiche Gemüsesorten
- *Garen* → Kochen oder dampfgaren, ohne Salz und fein püriert
- *Wann* → Mittags, zusätzlich zur Milchmahlzeit.
- *Wie* → Auf einem Löffel aus weichem Silikon (Gemüsekochwasser zur Milch geben), selten aus der Flasche (Gefahr der Überfütterung)

Erhöhen Sie die Gemüsemenge und verringern Sie die Milchmenge so, dass Ihr Kind weiterhin 500 ml Mutter- oder Säuglingsmilch pro Tag bekommt.

Bieten Sie dann reifes rohes Gemüse an, das gerade Saison hat (Tomate, Karottensaft etc.).

Obst

- *Ja* → Alle Früchte
- *Garen* → Kochen oder dampfgaren
- *Wann* → Mittags oder nach der Milchmahlzeit am Nachmittag
- *Wie* → Zunächst als Kompott (ohne Zuckerzusatz), später rohe, aber reife Früchte der Saison (Birne, Erdbeere, Pfirsich, Banane etc.)

Stärkehaltige Lebensmittel einführen

Babybreie

- **Nicht vor dem vollendeten 4.–5. Lebensmonat** und nur auf Anraten des Kinderarztes.

Andere stärkehaltige Lebensmittel

- **Nach dem vollendeten 4. Monat** dampfgegarte Kartoffeln anbieten (fein passiert in die Gemüsesuppe mischen).
- **Nach dem vollendeten 7. Monat** können Nudeln, Brot, Weizengrieß und Kekse in geringen Mengen gegeben werden.

DIE ERNÄHRUNG DES BABYS – GRUNDLAGEN

Fleisch, Fisch und Eier einführen

- **Alter** → Ab dem vollendeten 6. Monat
- **Ja** → Alle Fleischsorten (Innereien und Wurst erst ab dem vollendeten 1. Lebensjahr)
- **Ja** → Alle Fischsorten (fett oder mager, frisch oder tiefgekühlt)
- **Ja** → Eier: hart gekocht und mit der Gabel zerdrückt oder als Omelett
- **Nein** → Panierter Fisch
- **Wie** → Zu Beginn alle Nahrungsmittel fein pürieren und mit Gemüse mischen

Fette einführen

- **Alter** → Bis 6 Monate ist das Unterrühren von Fett nicht nötig, da die Milch ausreichend essenzielle Fettsäuren enthält
- **Ja** → Pflanzenfette (Rapsöl, Olivenöl, Sonnenblumenöl etc.) und tierische Fette (Butter)
- **Nein** → Frittierte Speisen
- **Wie** → 1 TL Öl oder Butter in jede Mahlzeit rühren

Unterschiedliche Fette verwenden, da jedes andere Nährstoffe liefert, die das Baby braucht.

Und danach?

Zwischen 8 und 12 Monaten nähert sich der Speiseplan Ihres Kindes Ihrem eigenen an. Allerdings müssen die Mengen an das Alter und seine spezifischen Bedürfnisse angepasst werden.

- Mindestens 500 ml Milch pro Tag bis zum vollendeten 1. Lebensjahr.
- Nahrungsmittel jeder Gruppe: Gemüse, Obst, stärkehaltige Nahrungsmittel, Fleisch/Fisch/Eier, Milchprodukte und pasteurisierter Käse.
- Möglichst wenig Zucker (nur gelegentlich erlaubt), Salz und Fett geben.
- Hauptgetränk bleibt Wasser, Getränkesirupe und Limonaden vermeiden (viel zu süß!).
- Führen Sie einen Rhythmus von vier Mahlzeiten pro Tag ein: Frühstück, Mittagessen, Nachmittagssnack und Abendessen.
- Hören Sie bei den Mengen auf Ihr Kind. Es weiß, wann es satt ist.

FERTIGNAHRUNG – JA ODER NEIN?

Fertigbreie müssen sehr strenge Auflagen erfüllen. Sie sind eine gute Alternative zum selbst gekochten Brei, auch wenn sie geschmacklich nicht an diesen herankommen.

Vom Stillen zur Beikost

Sie haben sich für das Stillen entschieden und nun ist es an der Zeit für das Baby, auch feste Nahrung zu entdecken. Aber wie macht man das, wenn man stillt? Wie lässt sich das Kind schrittweise entwöhnen?

Ab wann soll Beikost eingeführt werden?

Die Weltgesundheitsorganisation (WHO) empfiehlt **das ausschließliche Stillen bis zum Alter von 6 Monaten,** weil die Muttermilch alle Nährstoffe enthält, die das Baby für eine gesunde Entwicklung braucht. Es ist nicht nötig, früher mit dem Stillen aufzuhören.

Über die Muttermilch **entdeckt Ihr Baby bei jeder Stillmahlzeit verschiedene Aromen** wie salzig, süß, pikant etc. Seine Geschmacksentwicklung leidet also nicht unter einem Beikoststart nach 6 Monaten. Zu diesem Zeitpunkt kennt das Baby bereits alle Aromen, die ihm dabei helfen, den Umgang mit fester Nahrung zu lernen.

Die einzigen Nährstoffe, die ein voll gestilltes Kind nicht über die Milch bekommt, sind Vitamin D (das gilt auch für nicht gestillte Kinder) und Vitamin K. Ihr Kinderarzt achtet jedoch darauf, Ihrem Kind alle Ergänzungen zu verschreiben, die es braucht.

Der ideale Zeitpunkt für den Beikoststart liegt zwischen 5 und 6 Monaten, je nach Reife und Neugier des Babys.

Kann man den Beikoststart verschieben?

Jedes Kind ist anders. Manche möchten schon mit 5 Monaten von Mamas oder Papas Kompott probieren, andere schieben den angebotenen Löffel weg. Keine Sorge, auf 14 Tage mehr oder weniger kommt es nicht an! Wenn Ihr Kind allerdings mit 8 Monaten feste Nahrung immer noch kategorisch ablehnt, sprechen Sie mit Ihrem Kinderarzt, um etwaige Erkrankungen auszuschließen.

Zahlreiche Studien haben gezeigt, dass es **zwischen 4 und 7 Monaten ein sogenanntes »Toleranzfenster«** für die Einführung von Beikost gibt. Mit anderen Worten, potenziell allergene Nahrungsmittel werden in dieser Zeit vom Verdauungssystem des Babys besser vertragen. Eine zu frühe (vor dem vollendeten 4. Monat) oder zu späte Einführung (nach dem vollendeten 7. Monat) erhöht demnach das Allergierisiko.

Darüber hinaus **kann die Milch nicht mehr den gesamten Nährstoffbedarf des Kindes im Wachstum abdecken, und es kann zu Eisen-, Zink- und Vitaminmangel** kommen, wenn es ausschließlich mit Milch ernährt wird.

Wenn Sie nach 6 Monaten weiterstillen und gleichzeitig den Speiseplan Ihres Babys mit Fleisch, Fisch, Obst, Gemüse und Fetten erweitern, ist sein Nährstoffbedarf umfassend gedeckt.

DIE ERNÄHRUNG DES BABYS – GRUNDLAGEN

Bis zu welchem Alter darf ich stillen?

Für das Stillen gibt es kein Höchstalter. Sie können Ihr Kind so lang stillen, wie Sie möchten, solange Sie seinen Speiseplan mit angepasster fester Nahrung ergänzen. Die größte Schwierigkeiten dabei sind die Steuerung der »Nachfrage« und die Organisation der Stilleinheiten.

Und wenn das Baby die Brust verweigert?

Das kann passieren, dauert jedoch selten länger an. Pumpen Sie Milch ab, um die Produktion aufrechtzuerhalten. Wenn für Ihr Kind der richtige Moment gekommen ist, wird es sich irgendwann von selbst ganz entwöhnen.

Wie führe ich Nahrungsmittel ein?

Auch hier gilt: Jedes Kind ist anders. **Hören Sie auf sich und auf Ihr Baby** und bestärken Sie Ihr Kind und sich selbst.

Natürlich wird Ihr Baby nicht von einem Tag auf den anderen von der Brust zum Löffel wechseln, sondern muss sich erst allmählich daran gewöhnen. Keine Sorge – **weder das Abstillen noch das fortgesetzte Teilstillen behindert auf irgendeine Weise das Essenlernen mit dem Löffel.**

Fangen Sie beispielsweise mit einer kleinen Stillmahlzeit als »Vorspeise« an und bieten Sie Ihrem Kind dann einen Gemüsebrei zum Probieren an. **Am Anfang ist die Beikost nur eine Ergänzung zur Muttermilch und noch kein Ersatz für diese.** Dieser Prozess erfolgt allmählich, mit einem Nahrungsmittel nach dem anderen und in ganz kleinen Mengen.

Danach müssen Sie – wie alle Eltern – vor allem geduldig und beharrlich sein. Studien zeigen, dass ein Nahrungsmittel **im Durchschnitt achtmal angeboten werden muss,** bevor es akzeptiert wird.

Das Zauberwort heißt also Geduld!

Kleine Portionen aufbewahren

Zu Beginn der Beikosteinführung isst das Baby nur 30 bis 40 g Gemüse oder Obst in Form von Püree oder Kompott. So kleine Mengen lassen sich im Mixer gar nicht zubereiten – die Klingen drehen frei. Die Lösung: Am besten bereitet man gleich 300 g zu! Aber wie bewahrt man die Reste auf?

Welche Konservierungsmethode?

Im Kühlschrank

Achtung: Im Kühlschrank lassen sich die Portionen meist **höchstens 48 Stunden** aufbewahren. Sie müssen straff mit Frischhaltefolie abgedeckt werden, damit sie vor Feuchtigkeit geschützt sind und sich gut halten.

Vakuumverpackt

Um die Haltbarkeitsdauer im Vergleich zum Kühlschrank zu erhöhen, können Sie die Mahlzeiten mit einem Vakuumierer verpacken und so **bis zu 10 Tage** aufbewahren.

Im Gefrierschrank

Das Tiefkühlen ist wohl die **am häufigsten angewandte Methode**. Auf diese Weise behandelte Nahrungsmittel halten sich **mehrere Monate**.

Sie bereiten in einem Arbeitsgang 300 bis 400 g Püree oder Kompott zu, eine Mahlzeit hat aber nur 30 g. Der Trick: Geben Sie das Püree in einen Eiswürfelbehälter, decken Sie diesen luftdicht mit Klarsichtfolie ab und frieren Sie ihn ein. Für die nächste Mahlzeit brauchen Sie dann nur noch 1 bis 2 Würfel aufzutauen!

In sterilisierten Einmachgläsern

Babybreie lassen sich auch wie Konfitüre im Schraubglas einwecken, was die Haltbarkeit auf **fast 2 Jahre** erhöht. Allerdings ist das nicht wirklich nötig, denn in zwei Jahren isst Ihr Kind ohnehin das Gleiche wie Sie.

TIPPS FÜR DAS EINFRIEREN

Tauen Sie die Mahlzeiten niemals bei Raumtemperatur auf, sondern nur im Kühlschrank (am Vorabend hineinstellen), im Wasserbad oder in der Mikrowelle (Achtung, nicht zu lang!). Erhitzen Sie sie anschließend im Wasserbad, in der Mikrowelle, im Fläschchenwärmer oder, je nach Garstufe, im Ofen.

DIE ERNÄHRUNG DES BABYS – GRUNDLAGEN

Übersicht: Konservierungsmethoden

Nahrungs-mittel	Kühlschrank	Vakuum	Gefrierschrank	Einmachglas
Püree oder Kompott	48 Std.	10 Tage	6 Monate	1 bis 2 Jahre
Fleisch oder Fisch	24 Std.	10 Tage	4 Monate	1 bis 2 Jahre
Fertiggericht	24 Std.	10 Tage	4 Monate	1 bis 2 Jahre

Welche Küchengeräte brauche ich?

Püriert, passiert, stückig – je nach Alter und Entwicklungsstand des Babys verändern Sie allmählich die Beschaffenheit der Mahlzeiten. Es gibt zahlreiche Küchengeräte, die Ihnen die Arbeit erleichtern; einige besitzen Sie wahrscheinlich schon. Hier ein Überblick:

- **Passiermühle:** Unsere Großmütter hatten nur eine solche »Flotte Lotte« und kamen damit gut aus. Sie funktioniert mechanisch und ist preiswert. Das Passieren dauert jedoch relativ lange, und das Püree wird oft nicht sehr fein.
- **Elektrischer Zerkleinerer:** Man benutzt ihn oft zum Hacken von Kräutern. Das kleine und gut transportable Gerät ist nicht teuer, wegen seines geringen Fassungsvermögens lassen sich aber keine großen Mengen darin zubereiten.
- **Standmixer:** Einen Mixer gibt es in fast jedem Haushalt. In ihm lassen sich gut mittlere bis große Mengen pürieren, dafür ist er etwas teurer in der Anschaffung, und die Zubereitung kleiner Mengen nach Bedarf ist nicht möglich.
- **Küchenmaschine für Babynahrung:** Mehrere Hersteller bieten inzwischen Küchenmaschinen speziell zur Zubereitung von Babynahrung an. Ihr großer Vorteil: Man kann die Zutaten in einem Gerät dampfgaren und pürieren, und das in babytauglichen Mengen. Sie sind jedoch recht teuer und stehen oft nutzlos herum, sobald das Baby die Familienkost mitisst.
- **Multifunktions-Küchenmaschinen:** Sie sind sozusagen der Rolls-Royce unter den Küchenmaschinen. Es gibt kaum etwas, was sie nicht können: garen, pürieren, erhitzen … Mit der Zubereitung kleiner Mengen tun sie sich jedoch schwer. Sie sind oft sehr kostspielig, dafür kann man darin für die ganze Familie kochen.

Es gibt keine Standardmethode der Konservierung oder Zubereitung von Babynahrung. Benutzen Sie einfach das, womit Sie am besten zurechtkommen!

Die Nährstoffe

Damit Ihr Baby sich gut entwickelt und gesund bleibt, braucht es Nährstoffe. Die folgende Übersicht hilft Ihnen bei der Orientierung.

Fette

Sie sind wichtig für das Wachstum und die Gehirnentwicklung Ihres Babys.

Essenzielle Fettsäuren sind in Muttermilch und Säuglingsnahrung in großen Mengen enthalten und werden anschließend vorwiegend über Fette aufgenommen.

Kohlenhydrate

Diese Nährstoffe versorgen das Baby mit Energie.

Sie sind in Muttermilch und Säuglingsnahrung enthalten, später findet man sie in Baby-Getreidebreien, stärkehaltigen Nahrungsmitteln und Getreideprodukten.

Proteine

Sie sind wichtig für ein gesundes Wachstum. Proteine findet man hauptsächlich in Muttermilch oder Säuglingsnahrung für die ersten Monate, nach dem Beikoststart dann in Fleisch, Fisch, Eiern und Milchprodukten.

Vitamine

Es gibt 13 Vitamine in unserer Nahrung, von denen zwei ein besonderes Augenmerk verdienen: Vitamin D und K.

Vitamin D sorgt dafür, dass das Kalzium sich in den Knochen einlagert, **Vitamin K** spielt eine wichtige Rolle bei der Blutgerinnung.

In den ersten Lebensmonaten werden diese Vitamine häufig zusätzlich verschrieben.

Mineralstoffe und Spurenelemente

Unser Körper enthält 22 Mineralstoffe und Spurenelemente. Auf Kalzium und Eisen müssen wir bei Säuglingen und Kindern ganz besonders achten.

Kalzium ist unverzichtbar für die Bildung und das Wachstum des Skeletts sowie für die Festigung der Knochen und der Zähne. **Eisen** ist von zentraler Bedeutung für das Wachstum und trägt zur gesunden Zellfunktion im ganzen Körper bei.

DIE ERNÄHRUNG DES BABYS – GRUNDLAGEN

Milch und Milchprodukte

Wenn man sein Baby mit der Flasche ernährt, fällt die Orientierung nicht immer ganz leicht. Ab 6 Monaten darf Ihr Kind auch Folgemilche probieren. Welche sollten Sie ihm anbieten?

Säuglingsanfangsnahrung

Ab Geburt bis 4 bis 6 Monate: Nach den Empfehlungen der WHO ist das Stillen die beste Ernährung für das Baby. Wenn Sie jedoch nicht stillen können oder möchten, können Sie auf Säuglingsnahrung zurückgreifen.

Sie wird auf der Basis von Kuhmilch hergestellt und unterliegt **sehr strengen Auflagen**. Ihre Zusammmensetzung orientiert sich eng an der Muttermilch, wobei sie deren Eigenschaften nicht alle imitieren kann. Eine **Anreicherung mit Vitamin D** ist vorgeschrieben.

Folgemilch

Von 5 bis 6 Monaten bis 1 Jahr: Auch Folgemilch unterliegt sehr strengen Auflagen und hat eine **andere Zusammensetzung als Säuglingsnahrung,** um den veränderten Bedürfnissen des Babys Rechnung zu tragen:

- mehr Kalzium und Phosphor,
- etwas mehr Proteine,
- etwas mehr Eisen.

Wachstumsmilch

Von 1 bis 3 Jahren: Diese Milch wurde entwickelt, um **Nährstoffdefiziten bei Kleinkindern entgegenzuwirken,** vor allem dem Eisenmangel. Sie enthält weniger Proteine als Kuhmilch, dafür aber die **20- bis 30-fache Menge Eisen!**

Spezialnahrung

In bestimmten Fällen kann der Kinderarzt eine Spezialnahrung verschreiben: hypoallergene Milch, Anti-Reflux-Milch, Milch gegen Durchfall etc. Spezialnahrung darf nur unter ärztlicher Aufsicht verabreicht werden!

MILCH UND MILCHPRODUKTE

Kuhmilch?

Sie ist preiswerter und in jedem Supermarkt erhältlich – ja, Kuhmilch hat eindeutig ihre Vorteile. Aber alle Spezialisten sind sich einig, dass **Babys sie frühestens ab einem Alter von 12 Monaten trinken sollten.**

Das vorzeitige Ersetzen der Folgemilch durch Kuhmilch führt unter anderem

- zu einer verringerten Zufuhr von Eisen, essenziellen Fettsäuren sowie der Vitamine B$_9$, C, D und E;
- einer stark vermehrten Zufuhr von Proteinen.

PFLANZENMILCH, JA ODER NEIN?

Nein, Getreidemilch ist keine Milch! Soja-, Mandel-, Maronen-, Haselnuss- oder Reisdrinks, um nur die gängigsten zu nennen, dürfen **auf keinen Fall** als Ersatz für Muttermilch oder Säuglingsnahrung gegeben werden.

All diese Getränke sind **sehr nährstoffarm** und das Füttern mit Pflanzenmilch anstelle von Muttermilch oder Säuglingsnahrung kann schwere Stoffwechselstörungen verursachen, die zu einer ernsthaften Mangelernährung führen und sogar lebensgefährlich werden können.

Und Ziegenmilch?

Ziegenmilch, genau wie **Schafmilch, Stutenmilch oder Büffelmilch,** ist nicht besser an die Bedürfnisse von Säuglingen angepasst als Kuhmilch. Auch sie sollte nicht vor dem Alter von 12 Monaten getrunken werden, da sie dem Nährstoffbedarf eines Babys nicht entspricht.

Käse

Käse nimmt einen besonderen Platz in unserer Ernährung ein. Er kann zusammen mit anderen Nahrungsmitteln eingeführt werden. Achten Sie jedoch darauf, stets pasteurisierten Käse anzubieten und keinen Rohmilchkäse.

Säuglinge sollten keinen Käse bekommen, weil er für sie noch zu salzig und zu fett ist.

- **Mit etwa 8 Monaten** können Sie Käsesorten von unterschiedlicher Beschaffenheit und mit verschiedenen Aromen anbieten: **geriebenen Emmentaler** im Püree, ein kleines Stück **Camembert** (oder anderen Weichkäse), und warum nicht auch mal ein Stückchen **Blauschimmelkäse**? Viele Babys lieben Käse mit Charakter.

Ideal sind dünne Scheiben. Entfernen Sie unbedingt die Rinde, da sie Bakterien enthalten kann.

- **Ab 12 Monaten** kann das Baby zubeißen! Jetzt kann es Käse in jeder Beschaffenheit genießen. Bieten Sie Hartkäse aus erwärmter Milch an: **Comté, Emmentaler, Beaufort** …

Ganz Wagemutige können ihr Glück auch ruhig einmal mit einem Käse mit gewaschener Rinde wie **Münsterkäse** oder **Maroilles** versuchen. Sie werden sehen, Ihr Baby fürchtet sich vor nichts!

VORSICHT VOR ROHMILCH!

Rohmilchkäse (und Rohmilch selbst) sind für Babys nicht geeignet.

Joghurt, Quark und Frischkäse

Ab 5 oder 6 Monaten kann Ihr Baby milde, cremige Milchprodukte wie **Frischkäse** oder **Sahnequark** probieren. Zucker müssen Sie nicht dazugeben – Ihr Kind soll ja den natürlichen Geschmack der Lebensmittel kennenlernen.

Sie können es nun auch mit Naturjoghurt vertraut machen. In den kleinen Mengen, die das Baby in diesem Alter verzehrt, decken diese Produkte allerdings nicht seinen Nährstoffbedarf.

Keine Magerstufe für das Baby!

Verwenden Sie Produkte aus Vollmilch oder mit 40 % Fett. Fette sind wichtig für die Entwicklung Ihres Kindes und seines Gehirns, daher braucht es ausreichende Mengen davon.

Babyjoghurt oder normaler Joghurt?

Diese Frage stellen sich viele Eltern, und sie ist nicht immer leicht zu beantworten.

Im Handel gibt es Joghurts extra für Babys, deren Vorzüge in der Werbung gern angepriesen werden.

Im Gegensatz zu normalen Joghurts enthalten sie **mehr Eisen, essenzielle Fettsäuren und Vitamine**; das kann praktisch sein, wenn Ihr Kind seine Milch verweigert und lieber feste Nahrung zu sich nimmt. Auf diese Weise bekommt es trotzdem die Nährstoffe, die in der Säuglingsnahrung enthalten sind. Wenn Ihr Kind jedoch die empfohlenen 500 ml Folgemilch pro Tag trinkt, braucht es solche angereicherten Joghurts nicht.

Weitere Produkte mit Milch

Dessertcreme, Flan, Früchtemousse – die Kühlregale im Supermarkt quellen über von milchhaltigen Leckereien, und eine sieht appetitlicher aus als die andere.

Ihr Baby sollte jedoch noch keine solchen Fertigprodukte bekommen, da sie für sein Alter viel zu viel Zucker enthalten.

Milch und Milchprodukte sind zum Zeitpunkt der Beikosteinführung die Nahrungsgrundlage für Ihr Kind. Milchprodukte lassen sich gegeneinander austauschen, können jedoch niemals die Muttermilch bzw. Säuglingsnahrung ersetzen, die allein 60 % seines Nährstoffbedarfs deckt.

Stärkehaltige Lebensmittel und Getreide

Endlich hat Ihr Baby sich an Konsistenz und Geschmack seiner ersten Gemüsebreie gewöhnt! Nun können Sie allmählich geringe Mengen an stärkehaltigen Nahrungsmitteln dazugeben.

Warum stärkehaltige Nahrungsmittel?

Stärkehaltige Nahrungsmittel sind **lebenswichtig für den Organismus,** weil sie das Baby den ganzen Tag über mit der Energie versorgen, die es für die gesunde Funktion von Muskeln, Gehirn und Herz braucht. Zusätzlich erzeugen sie ein Sättigungsgefühl, das die Lust auf Naschereien zwischen den Mahlzeiten dämpft.

Außerdem sind sie **reich an Ballaststoffen** und **fördern die Verdauung.**

Welche Nahrungsmittel enthalten Stärke?

Getreide und Körner

- mit Gluten: z. B. Weizen, Gerste, Roggen
- ohne Gluten: z. B. Reis, Mais, Hirse, Buchweizen, Quinoa

Wird häufig in **verarbeiteter Form** als Nudeln, Brot, Frühstücksflocken, Babybrei, Grieß etc. verzehrt.

Hülsenfrüchte

- z. B. Linsen, weiße Bohnen, rote Bohnen, Dicke Bohnen, Kichererbsen

Der Verzehr von Hülsenfrüchten wird erst ab 15 Monaten empfohlen. Sie sind sehr ballaststoffreich und können beim Baby zu Verdauungsstörungen führen, weil sein Verdauungssystem noch nicht ausgereift ist.

Bestimmte Früchte

- Kochbananen und Maronen (Esskastanien)

Wurzeln und Knollen

- z. B. Kartoffeln, Süßkartoffeln, Maniok, Tapioka

DIE ERNÄHRUNG DES BABYS – GRUNDLAGEN

Ab wann?

Lange Zeit wurde empfohlen, glutenhaltiges Getreide erst ab 7 Monaten einzuführen, um Unverträglichkeiten vorzubeugen. Inzwischen hat sich das geändert. Neuere Studien haben gezeigt, dass die **Einführung zwischen 4 und 6 Monaten das Risiko einer späteren Glutenallergie senkt.**

Die aktuelle Empfehlung lautet daher, Gluten nach und nach in die Beikost mit aufzunehmen.

Babybreie können **ab dem Beikoststart (ab dem vollendeten 4. Monat)** gefüttert werden. Falls Ihr Baby leichtgewichtig ist oder nicht gut satt wird, können Sie beispielsweise 2 bis 3 Teelöffel in das Abendfläschchen geben. Behalten Sie jedoch die Menge im Blick, um eine übermäßige Gewichtszunahme zu vermeiden! Bei Flaschenmahlzeiten besteht die Gefahr der Überfütterung. Zudem kann langes Nuckeln an der Trinkflasche zu Karies führen.

In welchen Mengen?

Die folgenden Angaben sind nur **als Anhaltspunkte gedacht und variieren je nach Appetit und Aktivität des Kindes.**

- **Ab 4 Monaten:** wenige Gramm, um bestimmten Gemüsebreien mehr Konsistenz zu geben.
- **6 bis 7 Monate:** 40 bis 50 g Kartoffeln, zusammen mit anderem Gemüse püriert.
- **8 bis 9 Monate:** 80 bis 100 g Kartoffeln, dünne Nudeln oder Grieß.
- **10 bis 12 Monate:** 90 bis 110 g stärkehaltige Nahrungsmittel.
- **12 bis 24 Monate:** 90 bis 120 g stärkehaltige Nahrungsmittel.
- **24 bis 36 Monate:** 120 bis 200 g stärkehaltige Nahrungsmittel.

Fleisch, Fisch und Eier

Lebenswichtige Proteine bekommt das Baby zunächst über die Muttermilch oder die Säuglingsnahrung, später dann über Milchprodukte, Fleisch, Fisch und Eier.

Warum sind Proteine wichtig?

Fleisch, Fisch und Eier liefern **wertvolle Proteine,** die zum Aufbau von Knochen und Muskeln beitragen, sowie viele **Vitamine** und **Eisen** (vor allem rotes Fleisch), beides sehr wichtig für die gesunde Entwicklung Ihres Kindes.

Fetter Fisch (Sardine, Makrele, Hering, Lachs) enthält zusätzlich **essenzielle Fettsäuren** (z. B. Omega-3-Fettsäuren, die wichtig sind für die Funktionstüchtigkeit von Gehirn und Herz-Kreislauf-System.

In welchen Mengen?

Nicht zu viel, aber auch nicht zu wenig! Folgende Mengen werden in den verschiedenen Altersstufen empfohlen:

- **6 bis 7 Monate:** 10 bis 15 g
- **8 bis 9 Monate:** 15 bis 20 g
- **10 bis 12 Monate:** 20 bis 25 g
- **12 bis 36 Monate:** 25 bis 30 g

Geben Sie **nur eine Proteinquelle pro Tag in einer einzigen Mahlzeit.** Verändern Sie allmählich die Konsistenz (püriert, passiert, stückig).

Proteinquellen variieren

Geben Sie Ihrem Kind nicht immer dieselbe Proteinquelle. Abwechslung ist wichtig, weil die verschiedenen Nahrungsmittel unterschiedliche Nährwerte haben.

Rotes und weißes Fleisch

- Rotes Fleisch enthält mehr Eisen. Geben Sie Ihrem Kind etwa viermal pro Woche davon.
- Kein paniertes Fleisch anbieten, das enthält oft ungesunde Fette.
- Bieten Sie bevorzugt mageres Fleisch an: Hähnchen ohne Haut, Geflügel- und Kalbsschnitzel, mageres Schweinefilet, Flanksteak, Frikadelle mit 5 % Fett, gekochten Schinken etc.

DIE ERNÄHRUNG DES BABYS – GRUNDLAGEN

- Fleisch muss immer durchgegart sein. Geben Sie aus Gründen der gesundheitlichen Sicherheit einem Baby oder jungen Kleinkind niemals rohes Fleisch oder Carpaccio.

Magerer oder fetter Fisch

- Geben Sie Ihrem Baby keinen panierten und frittierten Fisch (Kleinkindern am besten auch nicht).
- Pro Woche werden zwei Fischmahlzeiten empfohlen.
- Geben Sie einem Baby oder jungen Kleinkind keinen rohen Fisch (z. B. Sushi, Sashimi, Carpaccio).

Eier

- Bieten Sie zur Einführung hart gekochtes Ei an (Eiweiß und Eigelb).

Zubereitung

Groß ist die Versuchung, dem Kind Fleisch und Fisch in frittierter oder panierter Form anzubieten, weil es dann »mehr Geschmack« hat. In dieser Form enthält die Mahlzeit jedoch reichlich ungesunde Fette, und Sie sollten Ihr Baby gar nicht erst daran gewöhnen.

Mehr Geschmack bekommt Babynahrung auch mit **gesunden Fetten** wie ein paar Tropfen Oliven- oder Rapsöl, einem Stückchen Butter oder auch Crème fraîche.

Salzen Sie Fleisch und Fisch nicht, aber verfeinern Sie es gern mit **Gewürzen oder Kräutern** wie Petersilie, Dill oder Koriander.

UND WENN ICH VEGETARISCH LEBE?

Wenn Sie Ihr Kind vegetarisch oder vegan ernähren möchten, sprechen Sie unbedingt mit Ihrem Kinderarzt und einem spezialisierten Ernährungsberater, damit es nicht zu einem Mangel an Nährstoffen (vor allem an Eisen) kommt.

Fette

Fette (auch Lipide genannt) sind unverzichtbar für die gesunde Entwicklung Ihres Babys und müssen in ausreichender Menge auf seinem Speiseplan stehen. Von Anfang an sollten Sie dabei auf ausgewogene Mahlzeiten mit unterschiedlichen Fetten achten.

Warum sind sie lebenswichtig?

Fette liefern Energie, die Vitamine A, D, E und K und essenzielle Fettsäuren, die unter anderem zur **gesunden Hirnentwicklung** des Babys beitragen.

Sie sind von Geburt an Teil seiner Ernährung: Muttermilch enthält Fett, und Säuglingsnahrung ist damit angereichert.

Wenn der Anteil der Milch (Muttermilch oder Säuglingsnahrung) an der Ernährung des Babys **mit 6 bis 7 Monaten** geringer wird, muss der Beikost Fett hinzugefügt werden. Nicht übermäßig viel, aber auch nicht zu wenig!

Welche Fette?

Es ist wichtig, **die Fettzufuhr zu variieren,** weil sich die verschiedenen Fette in ihren Nährwerten unterscheiden.

Verwenden Sie abwechselnd **verschiedene Pflanzenöle** (Olivenöl, Rapsöl, Sonnenblumenöl, Sojaöl, Maisöl, Walnussöl etc.) oder nehmen Sie eine Pflanzenölmischung.

Sie sollten vorwiegend Pflanzenöle verwenden, aber gelegentlich können Sie 1 TL Öl durch einen Klecks Butter oder Crème fraîche ersetzen. Auch **fetter Fisch** (Lachs, Hering, Makrele, Sardine) ist eine hervorragende Fettquelle.

Wie führe ich sie ein?

Die Einführung von Fetten erfolgt allmählich im Lauf der Beikosteinführung.

Das **kalt gepresste, nicht raffinierte Öl** wird am Ende des Garvorgangs zugegeben, damit seine Eigenschaften erhalten bleiben (deshalb sollte Frittiertes auch vermieden werden).

Geben Sie Ihrem Kind 5 g (entspricht 1 TL) kalt gepresstes Pflanzenöl oder ein haselnussgroßes Stück Butter pro Tag und bieten Sie ihm ein- bis zweimal pro Woche fetten Fisch an (am besten kleine Fische).

Möglichst meiden sollten Sie Pommes frites, Wurst, Chips, Fertiggebäck und Schokoriegel, die viele versteckte Fette und wenige Nährstoffe enthalten. Sorgen Sie von Anfang an für gute Essgewohnheiten!

DIE ERNÄHRUNG DES BABYS – GRUNDLAGEN

Salz

Im Gegensatz zu einer verbreiteten Auffassung spielt Salz eine wichtige Rolle für unseren Organismus. Ein großer Teil unseres täglichen Bedarfs ist bereits in Nahrungsmitteln wie Brot und Käse enthalten.

Warum ist es notwendig?

Salz hält den Wasserhaushalt des Körpers im Gleichgewicht, reguliert den Blutdruck und unterstützt die Zellfunktionen (in Muskeln, Hirn und anderen Organen). Es fördert die Übertragung von Nervenreizen und stimuliert die Muskelaktivität des Herzens.

Aber nur in kleinen Mengen!

Da die Nieren eines Babys **noch unreif** sind, können sie überschüssiges Salz weniger gut aus dem Blut filtern – nur etwa ein Drittel so viel wie die Nieren eines Erwachsenen.

Im Lauf der Zeit führt ein zu hoher Salzkonsum außerdem zu erhöhtem Blutdruck und bringt auf diese Weise Herz-Kreislauf-Probleme mit sich.

Und schließlich beeinflussen die Nahrungsmittel, die Sie Ihrem Baby geben, wie viel Salz es später zu sich nimmt. Wenn die Beikost von Beginn an zu viel Salz enthält, wird es auch später stärker gesalzene Speisen bevorzugen.

Wie viel ist gesund?

Die WHO empfiehlt folgende Mengen:
- Säuglinge: 25 mg/kg/Tag
- 1 bis 2 Jahre: 50 mg/kg/Tag
- Kinder und Erwachsene: 125 mg/kg/Tag

Neben Brot und Käse findet sich Natrium (ein Hauptbestandteil des Salzes) von Natur aus in vielen Nahrungsmitteln (Fleisch, Eier, bestimmtes Gemüse), auch wenn wir es nicht schmecken können.

WELCHES SALZ?

Wählen Sie ein möglichst naturbelassenes Salz; Jod- und Fluoridzusätze sind für Kinder jedoch empfehlenswert.

Was bedeutet das beim Kochen?

Machen Sie sich klar, dass ein großer Teil des Salzes, das der Körper braucht, schon von Natur aus in unserer Nahrung enthalten ist. Gemüse, aber auch Früchte, enthalten Salz, auch wenn unsere Geschmacksknospen es nicht wahrnehmen.

- **Bis 8 Monate:** Die Gerichte für das Baby niemals salzen. Fertignahrung aus dem Gläschen enthält bereits so viel Salz, wie gesetzlich erlaubt ist, ein Nachsalzen ist nicht nötig.

- **8 Monate bis 3 Jahre:** Geben Sie eine Prise Jodsalz ins Gemüsekochwasser.
- **Ab 3 Jahren:** Nun können Sie die Gerichte leicht salzen. Übrigens lässt sich das Aroma auch hervorragend mit Gewürzen und Kräutern verbessern!

Welche Nahrungsmittel ein Baby bekommt, beeinflusst seine spätere **Vorliebe für viel oder wenig Salz.** Wenn Sie Ihrem Kind ab dem Beikoststart zu viel Salz zuführen, wird es auch später salzreicher essen. Achten Sie daher auf die richtige Menge!

Zucker

Zucker ist in unserer Ernährung allgegenwärtig, und wir lieben ihn von Anfang an, sogar noch vor unserer Geburt! Ab dem 4. Schwangerschaftsmonat reagiert der Fetus positiv auf den süßen Geschmack des Fruchtwassers. Bei seiner Geburt hat ein Baby also schon 9 Monate lang mit Wonne eine süße Flüssigkeit geschmeckt – jetzt wissen Sie, warum die Vorliebe für Süßes angeboren ist!

Was ist Zucker?

Man unterscheidet verschiedene Zuckerfamilien: Glukose (Traubenzucker), Fruktose (Fruchtzucker), Saccharose (Haushaltszucker) etc.

- Glukose und Saccharose gehen sehr schnell ins Blut über, deshalb nennt man sie auch »schnelle Zuckerarten«. Fruktose dagegen ist eine »langsame« Zuckerart.
- Zucker wird im Allgemeinen aus Pflanzen gewonnen, z. B. aus Zuckerrübe, Zuckerrohr, Agave oder Ahorn.
- Laktose (Milchzucker) ist der natürliche Zucker in der Milch.

Vorsicht vor verstecktem Zucker!

Nach der Geburt begegnet dem Baby süßer Geschmack in der Muttermilch oder Säuglingsnahrung (dank der Laktose), später in Obst und Gemüse wie Birnen, Äpfeln, Möhren, Süßkartoffeln etc. Viele Nahrungsmittel enthalten von Natur aus Zucker und brauchen bei der Zubereitung nicht gezuckert zu werden.

Bei folgenden Nahrungsmitteln und Getränken sollten Sie besonders auf versteckten Zucker achten:

- Die meisten aromatisierten Wassersorten (mit Zucker in der Zutatenliste) enthalten etwa 2 Stück Würfelzucker pro Glas!
- Limonaden und Fruchtgetränke (außer Fruchtsäfte, die keinen zugesetzten Zucker enthalten dürfen) kommen auf rund 4 Stück Würfelzucker pro Glas!

DIE ERNÄHRUNG DES BABYS – GRUNDLAGEN

- Milchprodukte für Kinder enthalten 1 bis 2 Stück Würfelzucker pro Portion. Besser ist z. B. Quark.
- Bonbons, Kekse, Kuchen, Frühstücksflocken, Feingebäck etc.

Diese Produkte sollten nur selten gegeben werden, da ein Baby nicht mehr als 1 bis 2 Stück Würfelzucker pro Tag zu sich nehmen sollte, ein 2-Jähriger nicht mehr als 2 bis 3 Stück und ein 3-Jähriger höchstens 3 bis 4 Stück.

Aber nicht nur Kuchen und Bonbons enthalten Zucker, sondern auch die meisten »herzhaften« Fertiggerichte. Ein besonderes Problem besteht darin, dass dieser zugesetzte Zucker sehr häufig von schlechter Qualität ist und unsere Geschmacksnerven an übersüße Aromen gewöhnt.

Studieren Sie bei Fertiggerichten für Ihr Kind also unbedingt die Inhaltsstoffe und kontrollieren Sie den Zuckergehalt.

> **VORSICHT BEI HONIG!**
>
> Honig dürfen Kinder erst ab dem vollendeten 1. Lebensjahr konsumieren. Grund sind Bakteriensporen, die von Bienen verbreitet werden, deshalb auch in den Honig gelangen und Botulismus hervorrufen können.
>
> Um ganz sicherzugehen, empfehlen wir ab 1 bis 3 Jahre die Verwendung von raffiniertem Honig.

Zucker für Babys? Ja, aber in Maßen!

Es geht nicht darum, Zucker völlig vom Speiseplan zu streichen, und man sollte ihn auch nicht verteufeln. Er ist und bleibt eine wichtige Energiequelle für den Körper.

Wie viele andere Nahrungsmittel sollte er aber in Maßen verzehrt werden. Geben Sie zum selbst gemachten Kompott also nicht automatisch Zucker hinzu (vor allem, wenn die Früchte reif sind und gerade Saison haben) und auch nicht zum Joghurt.

Nahrungsmittel-Neophobie

Verweigert Ihr Kind systematisch alle neuen Nahrungsmittel, die Sie ihm anbieten, und manchmal von heute auf morgen auch die, die es bisher mochte, ohne dass Sie eine Erklärung finden? Wahrscheinlich handelt es sich dann um eine Nahrungsmittel-Neophobie.

In welchem Alter fängt das an?

Zwischen 18 Monaten und 6 Jahren, in den meisten Fällen zwischen 18 Monaten und 3 Jahren (in der berüchtigten Trotzphase, wenn das Kind sich seiner eigenen Autorität versichern will). Bei Kindern kommt diese »Angst vor Neuem« sehr häufig vor: Sie betrifft **mehr als 75 % aller Kinder.**

Warum?

Es gibt verschiedene Hypothesen. Zu den möglichen Gründen gehören:

- die Trotzphase (»Nein«-Phase),
- die zunehmende Autonomie des Kindes (es beginnt, allein zu essen, und beäugt angebotene Nahrungsmittel zunehmend kritisch),
- ein Bedürfnis nach Sicherheit beim Essen (angesichts zahlreicher Veränderungen im Leben, vor allem beim Schuleintritt).

Wie lang dauert das?

Im Allgemeinen hält die Nahrungsmittel-Neophobie nur **einige Wochen bis Monate** an, aber das hängt auch vom Verhalten der Eltern bei den Mahlzeiten ab. Je **neutraler und ruhiger** Sie bleiben, desto **schneller versiegt die Furcht.**

Vor allem sollten Sie die Ablehnung alles Neuen nicht als liebenswerte Eigenart des Kindes betrachten und sich ihr einfach fügen – jahrelange Konflikte sind sonst nahezu vorprogrammiert.

Wie soll ich konkret reagieren?

Vor allem sollten Sie **neutral** und **gelassen** bleiben und Ihr Kind beruhigen. Auch wenn das nicht immer einfach ist – es bringt nichts, mit einem Kind zu schimpfen, das nicht essen will. Ebenso wenig nützt die Drohung, den Nachtisch zu streichen. Idealerweise sollten Sie entspannt mit der Mahlzeit fortfahren, als sei nichts gewesen.

Ganz wichtig: die Ernährungserziehung. Je mehr das Kind – natürlich abhängig vom Alter – beim Einkaufen und bei der Zubereitung der Mahlzeiten beteiligt ist, desto schneller vergeht die Neophobie wieder.

Wichtig ist es auch, **das Kind mit den angebotenen Nahrungsmitteln vertraut zu machen,** indem Sie ihm erzählen, wo sie herkommen, wann sie geerntet werden, wie sie schmecken etc. Zeigen Sie ihm alle Zutaten und lassen Sie es selbst mischen.

Von wesentlicher Bedeutung ist es außerdem, dass **die ganze Familie dasselbe isst, mit angepasster Konsistenz je nach Alter.** Das Kind wird nicht verstehen, warum es etwas anderes essen soll als seine Eltern (oder seine Geschwister), und würde es als Strafe empfinden. Dabei soll das gemeinsame Essen doch Spaß machen!

Nur Geduld ...

Studien zeigen, dass es im Durchschnitt acht bis neun Versuche braucht, bis ein neues Nahrungsmittel von einem Kind akzeptiert (und gemocht!) wird. Sie brauchen also vor allem Geduld! Bitten Sie Ihr Kind, ein kleine Menge zu kosten, und bieten Sie ihm das Nahrungsmittel einige Tage später noch einmal an.

Muss ich mir Sorgen machen?

Es fällt Eltern oft schwer, untätig zuzusehen, wenn ihr Kind kaum isst. Zum Arzt gehen sollte man, wenn sich das Essverhalten **auf das Wachstum auswirkt**. Holen Sie sich unbedingt ärztlichen Rat, wenn Sie bemerken, dass Ihr Kind nicht mehr wächst oder nicht zunimmt.

In einigen extremen Fällen können sich aus einer Nahrungsmittel-Neophobie im Jugendalter Essstörungen entwickeln (Anorexie, Bulimie etc.). Gehen Sie daher auch unbedingt dann zum Arzt, wenn Sie etwas an Ihrem Kind bemerken, das Sie für abnorm halten.

In den meisten Fällen besteht kein Anlass zur Sorge. Man braucht nur Geduld und muss sich damit abfinden, dass das Kind eine Zeit lang wenig isst. Bald sollte jedoch wieder der Normalzustand eintreten!

Allergien und Unverträglichkeiten

Viele Kinder vertragen bestimmte Nahrungsmittel nicht gut, sei es wegen einer Allergie oder wegen einer Unverträglichkeit. Der Unterschied ist nicht immer klar, aber man muss hier genau differenzieren.

Nahrungsmittelallergien

Im Fall einer Allergie reagiert das Immunsystem übertrieben auf eine Substanz, die normalerweise für den Körper unschädlich ist.

Bei einer Allergie handelt es sich also um eine Immunreaktion auf ein sogenanntes »Allergen«. Alle Nahrungsmittel enthalten zahlreiche potenzielle Allergene, häufig sind das Proteine.

Die häufigsten Symptome
- Ausschlag, rote Flecken
- Erbrechen, Durchfall
- Weinen, Reizbarkeit
- Asthma, Anschwellen von Lippen, Zunge etc.

Diese Symptome können innerhalb von Minuten, Stunden oder Tagen nach der Aufnahme des Allergens auftreten.

Arten von Allergenen

80 % der Nahrungsmittelallergien werden durch fünf Allergene ausgelöst: Eiklar, Erdnüsse, Kuhmilchproteine, Senf und Fisch.

Die Kuhmilchallergie ist die häufigste Nahrungsmittelallergie beim Säugling (meist verschwindet sie zwischen 1 und 3 Jahren von selbst); im Handel gibt es für diese Kinder eine spezielle Säuglingsnahrung. Seltener treten Allergien gegen exotische Früchte, Nüsse, Weizen, Garnelen, Rindfleisch etc. auf.

Nahrungsmittelunverträglichkeiten

Bei einer Unverträglichkeit kann der Körper ein bestimmtes Nahrungsmittel nicht verdauen. Unverträglichkeiten haben nichts mit dem Immunsystem zu tun.

Die Symptome können denen einer Nahrungsmittelallergie stark ähneln. Sie betreffen hauptsächlich das Verdauungssystem: Bauchschmerzen, Erbrechen, Krämpfe, Durchfall, Blähungen etc.

Abgesehen von der **Zöliakie** (Glutenintoleranz, bei Kindern selten), sind Unverträglichkeiten beim Baby meist auf eine **sehr instabile Darmflora im Aufbau** oder **übermäßig viele stärkehaltige Nahrungsmittel oder ballaststoffreiche Hülsenfrüchte** zurückzuführen, die eine zu starke Fermentierung verursachen.

In die Säuglingsnahrung gerührte oder zusätzlich verabreichte Probiotika (je nach Verordnung des Arztes) können die Verdauung verbessern.

Woher weiß ich, ob mein Kind allergiegefährdet ist?

Vererbung spielt bei Allergien eine große Rolle. Mit anderen Worten: Ihr Kind läuft eher Gefahr, eine Nahrungsmittelallergie zu entwickeln, wenn ein Familienmitglied (Eltern oder Geschwister) ebenfalls eine hat. Allergien können aber auch ohne familiäre Veranlagung auftreten.

Holen Sie sich beim geringsten Zweifel ärztlichen Rat:
- wenn in der Familie eine Allergieneigung besteht,
- wenn Ihr Kind häufig Verdauungsprobleme hat oder nach den Mahlzeiten Pickelchen oder rote Flecken auftreten,
- wenn Sie bei bestimmten Nahrungsmitteln eine ungewöhnliche Reaktion beobachten,
- wenn Sie schwanger sind und Ihr Partner eine Nahrungsmittelallergie hat,
- wenn Sie andere Störungen bemerken, die Sie beunruhigen.

In jedem dieser Fälle sollten Sie sich Rat bei Ihrem Artzt oder Allergologen holen, der das Kind auf Allergien testen und bei Bedarf einen angepassten Ernährungsplan (meist unter Weglassen des Allergens) erstellen kann.

DIE ERNÄHRUNG DES BABYS – GRUNDLAGEN

Übersicht: Mahlzeiten nach Alter

Es ist nicht immer ganz klar, welche Mengen man dem Baby in welchem Alter geben sollte. Wir haben daher eine Übersicht über die verschiedenen Mahlzeiten erstellt, um Ihnen den Beikoststart zu erleichtern. Die Mengen sind nur Richtwerte – passen Sie sie an die Bedürfnisse Ihres Kindes gemäß den Ratschlägen Ihres Kinderarztes an.

Frühstück

	6–7 Monate	8–9 Monate	10–12 Monate	1–2 Jahre
Milchprodukte	200–240 ml Folgemilch (ggf. mit 2–3 TL Babybrei) oder Muttermilch		250 ml Folgemilch	250 ml Folgemilch
Obst	zum Beikoststart einige Löffel		1 kleine Frucht (roh, gekocht oder als Saft)	1 kleine Frucht (roh, gekocht oder als Saft)
Brot, Getreide, Kekse			1 Scheibe Brot mit etwas Butter	1 Scheibe Brot mit etwas Butter

Snacks

	6–7 Monate	8–9 Monate	10–12 Monate	1–2 Jahre
Milchprodukte	200–240 ml Folgemilch oder Muttermilch	200–240 ml Folgemilch oder Muttermilch	250 ml Folgemilch	250 ml Folgemilch
Obst	80–100 g Obst, gekocht oder roh	80–100 g Obst, gekocht oder roh	80–100 g Obst, gekocht oder roh	80–100 g Obst, gekocht oder roh
Brot, Getreide, Kekse				1 Keks oder 1 Scheibe Brot mit etwas Butter

ÜBERSICHT: MAHLZEITEN NACH ALTER

Mittag-/Abendessen

	6–7 Monate	8–9 Monate	10–12 Monate	1–2 Jahre
Vorspeisen				30 g Rohkost
Gemüse	200 g selbst gekochtes Gemüsepüree oder Gläschen	140 g selbst gekochtes Gemüsepüree oder Gläschen	150 g gekochtes Gemüse, zerdrückt	90–110 g Gemüse, gekocht oder roh
gegarte stärkehaltige Nahrungsmittel		50 g Kartoffeln	50–60 g Nudeln, Grieß, Kartoffeln	50–60 g Nudeln, Grieß, Kartoffeln, Reis etc.
Fleisch, Fisch, Eier*	10 g	15 g	20 g	25 g
Fette	5 g Butter oder Pflanzenöl	5 g Butter oder Pflanzenöl	5 g Butter oder Pflanzenöl	5 g Butter oder Pflanzenöl
Milchprodukte	½ Joghurt	½ Joghurt	1 Joghurt oder 1 Portion Frischkäse	1 Joghurt oder 1 Portion Frischkäse oder 10–15 g Käse (pasteurisiert)
Obst	80–100 g Obst, gekocht oder roh	80–100 g Obst, gekocht oder roh	80–100 g Obst, gekocht oder roh	80–100 g Obst, gekocht oder roh
Brot				ggf. 1 kleine Scheibe

* Achtung: nur einmal pro Tag, am besten mittags

DIE ERNÄHRUNG DES BABYS – GRUNDLAGEN

Obst und Gemüse im Frühling

Mit dem warmen Wetter kommen auch die ersten frischen Früchte und Gemüsesorten auf den Markt. Frühling bedeutet mehr Sonne, längere Tage, aber auch und vor allem neue Aromen, die Ihr Baby entdecken kann.

Gemüse

Gemüse	Alter
Blumenkohl	ab 8–12 Monaten
Champignon	ab 6–8 Monaten
Grünkohl	ab 8–12 Monaten
junge Möhre	ab 4–6 Monaten
Rettich/Radieschen	ab 6–8 Monaten
Rotkohl	ab 8–12 Monaten
Spargel	ab 8–12 Monaten
Spinat	ab 4–6 Monaten
junge Speiserübe	ab 4–6 Monaten
Tomate	ab 4–6 Monaten
Weißkohl	ab 8–12 Monaten
Zucchini	ab 4–6 Monaten
Zwiebel	ab 4–6 Monaten

Obst

Obst	Alter
Aprikose	ab 4–6 Monaten
Erdbeere	ab 4–6 Monaten
Himbeere	ab 4–6 Monaten
Kirsche	ab 4–6 Monaten
Passionsfrucht	ab 4–6 Monaten
Pfirsich	ab 4–6 Monaten
Rhabarber	ab 6–8 Monaten
Zitrone	ab 4–6 Monaten

Obst und Gemüse im Sommer

Die Sonne scheint, es ist heiß, der Sommer ist da! Jetzt kann Ihr Baby neue Obst- und Gemüsesorten in verschiedenen Formen entdecken: als Gazpacho, Obstsalat, Smoothie …

Gemüse

Gemüse	Alter
Artischocke	ab 6–8 Monaten
Aubergine	ab 4–6 Monaten
Brokkoli	ab 4–6 Monaten
Champignon	ab 6–8 Monaten
Erbsen	ab 4–6 Monaten
Fenchel	ab 4–6 Monaten
grüne Bohnen	ab 4–6 Monaten
Grünkohl	ab 8–12 Monaten
Gurke	ab 4–6 Monaten
Knollensellerie	ab 4–6 Monaten
Mangold	ab 4–6 Monaten
Möhre	ab 4–6 Monaten
Paprika	ab 6–8 Monaten
Rotkohl	ab 8–12 Monaten
Spinat	ab 4–6 Monaten
Tomate	ab 6–8 Monaten
Weißkohl	ab 8–12 Monaten
Zucchini	ab 4–6 Monaten
Zuckerschote	ab 4–6 Monaten
Zwiebel	ab 4–6 Monaten

Obst

Obst	Alter
Aprikose	ab 4–6 Monaten
Brombeere	ab 4–6 Monaten
Erdbeere	ab 4–6 Monaten
Feige	ab 4–6 Monaten
Heidelbeere	ab 4–6 Monaten
Himbeere	ab 4–6 Monaten
Kirsche	ab 4–6 Monaten
Melone	ab 4–6 Monaten
Mirabelle	ab 4–6 Monaten
Nektarine	ab 4–6 Monaten
Passionsfrucht	ab 4–6 Monaten
Pfirsich	ab 4–6 Monaten
Pflaume	ab 4–6 Monaten
Rote Johannisbeere	ab 4–6 Monaten
Schw. Johannisbeere	ab 4–6 Monaten
Wassermelone	ab 4–6 Monaten
Zitrone	ab 4–6 Monaten
Zwetschge	ab 4–6 Monaten

DIE ERNÄHRUNG DES BABYS – GRUNDLAGEN

Obst und Gemüse im Herbst

Der Sommer macht dem Herbst Platz, die Blätter an den Bäumen färben sich bunt … Jetzt kommen neue Genüsse auf den Babyteller. Das Angebot an farbenfrohem Obst und Gemüse ist jetzt größer denn je!

Gemüse

Gemüse	Alter
Avocado	ab 12–18 Monaten
Blumenkohl	ab 8–12 Monaten
Brokkoli	ab 4–6 Monaten
Champignon	ab 6–8 Monaten
Chicorée	ab 4–6 Monaten
Fenchel	ab 4–6 Monaten
Grünkohl	ab 8–12 Monaten
Hokkaidokürbis	ab 4–6 Monaten
Knollensellerie	ab 4–6 Monaten
Kürbis	ab 4–6 Monaten
Lauch	ab 4–6 Monaten
Mais	ab 4–6 Monaten
Möhre	ab 4–6 Monaten
Pastinake	ab 4–6 Monaten
Rosenkohl	ab 8–12 Monaten
Rotkohl	ab 8–12 Monaten
Schwarzkohl	ab 8–12 Monaten
Spinat	ab 4–6 Monaten
Speiserübe	ab 4–6 Monaten
Topinambur	ab 4–6 Monaten
Weißkohl	ab 8–12 Monaten
Zwiebel	ab 4–6 Monaten

Obst

Obst	Alter
Apfel	ab 4–6 Monaten
Birne	ab 4–6 Monaten
Brombeere	ab 4–6 Monaten
Clementine	ab 4–6 Monaten
Datteln	ab 12–18 Monaten
Esskastanien	ab 4–6 Monaten
Feigen	ab 4–6 Monaten
Haselnüsse	ab 6–8 Monaten
Heidelbeere	ab 4–6 Monaten
Kaki	ab 4–6 Monaten
Mandarine	ab 4–6 Monaten
Mandel	ab 6–8 Monaten
Marone	ab 8–12 Monaten
Mirabelle	ab 4–6 Monaten
Papaya	ab 4–6 Monaten
Passionsfrucht	ab 4–6 Monaten
Pfirsich	ab 4–6 Monaten
Quitte	ab 4–6 Monaten
Walnuss	ab 6–8 Monaten
Weintraube	ab 4–6 Monaten
Zitrone	ab 4–6 Monaten

Obst und Gemüse im Winter

Im Winter, wenn der Schnee auf Bäumen und Beeten liegt, muss der Teller nicht leer bleiben. Auch wenn die Natur zu ruhen scheint, bringt sie noch herrliches Obst und Gemüse hervor! Suppen, Eintöpfe, Wintersalate – auch jetzt gibt es für Ihr Baby viel zu entdecken!

Gemüse

Gemüse	Alter
Avocado	ab 12–18 Monaten
Champignon	ab 6–8 Monaten
Chicorée	ab 4–6 Monaten
Grünkohl	ab 8–12 Monaten
Hokkaidokürbis	ab 4–6 Monaten
Kürbis	ab 4–6 Monaten
Lauch	ab 4–6 Monaten
Mais	ab 4–6 Monaten
Möhre	ab 4–6 Monaten
Pastinake	ab 4–6 Monaten
Rosenkohl	ab 8–12 Monaten
Rote Bete	ab 4–6 Monaten
Rotkohl	ab 8–12 Monaten
Schwarzwurzel	ab 12–18 Monaten
Speiserübe	ab 4–6 Monaten
Topinambur	ab 4–6 Monaten
Weißkohl	ab 8–12 Monaten
Zwiebel	ab 4–6 Monaten

Obst

Obst	Alter
Ananas	ab 4–6 Monaten
Apfel	ab 4–6 Monaten
Banane	ab 4–6 Monaten
Birne	ab 4–6 Monaten
Clementine	ab 4–6 Monaten
Granatapfel	ab 4–6 Monaten
Grapefruit	ab 4–6 Monaten
Haselnuss	ab 6–8 Monaten
Kaki	ab 4–6 Monaten
Litschi	ab 4–6 Monaten
Mandarine	ab 4–6 Monaten
Mango	ab 4–6 Monaten
Orange	ab 4–6 Monaten
Passionsfrucht	ab 4–6 Monaten
Walnuss	ab 6–8 Monaten
Weintraube	ab 4–6 Monaten
Zitrone	ab 4–6 Monaten

DIE ERNÄHRUNG DES BABYS – GRUNDLAGEN

Mahlzeiten nach Jahreszeit

Frühling

Frühstück
Joghurt mit Konfitüre, Kräcker, Obstsalat

Mittagessen
Spargelsuppe mit Meerrettichsahne (siehe S. 76)
Spaghetti bolognese (siehe S. 120)
Flan (siehe S. 210)

Nachmittagssnack
Quark, Erdbeeren oder andere rote Beeren der Saison, Butterkekse

Abendessen
Lachs mit zweierlei Tagliatelle (siehe S. 160) – ohne Lachs,
da die Mittagsmahlzeit schon ausreichend Proteine enthält
Pfirsich-Tiramisu (siehe S. 206)

Sommer

Frühstück
kalte Milch mit Früchten, getoastetes Mehrkornbrot mit Konfitüre

Mittagessen
Gazpacho aus Gurke, Melone und Minze (siehe S. 42)
Paella (siehe S. 102)
Mangomousse mit Passionsfrucht (siehe S. 208)

Nachmittagssnack
Kekse, Naturjoghurt mit etwas Honig (ab 1 Jahr), Zitronensaft

Abendessen
Oma Pascales Ratatouille (siehe S. 182)
kleines Stück Käse und Ananas-Limette-Minze-Sorbet (siehe S. 244)

Herbst

Frühstück
wenig gesüßte Frühstücksflocken (Müsli) mit 1 Glas Milch, Clementinen

Mittagessen
Selleriesalat mit Quark (siehe S. 54)
Risotto mit Lauch und Kabeljau (siehe S. 170)
Würziger Bratapfel (siehe S. 202)

Nachmittagssnack
heiße Schokolade, Brioche, Orangensaft

Abendessen
Polnische Rote-Bete-Suppet (siehe S. 190)
Bananencrêpes ohne Ei (siehe S. 240)

Winter

Frühstück
heiße Schokolade, Butterbrot, kleiner Orangensaft

Mittagessen
Möhrensalat mit Knoblauch und Ingwer (siehe S. 60)
Hackfleisch-Kartoffelpüree-Auflauf (siehe S. 112)
Obstpäckchen mit Gewürzen (siehe S. 198)

Nachmittagssnack
heiße Schokolade, Brioche, Orangensaft

Abendessen
Sechs-Gemüse-Suppe (siehe S. 186)
Milchreis mit Birnen (siehe S. 204)

ANMERKUNGEN DER AUTORINNEN

● Die Mengenangaben beziehen sich auf die Familienmahlzeit. Denken Sie beim Einkauf daran, die in den Babyrezepten angegebenen Mengen hinzuzufügen.

● Die Art der Fette ist nicht immer angegeben, da es für die Ernährung Ihres Kindes wichtig ist, sie zu variieren.

● Ab 12 Monaten sind die Mengen der Babygerichte meist geringer als mit 8 Monaten, weil das Kind zusätzlich eine Vorspeise bekommt.

Vorspeisen

Gazpacho aus Gurke, Melone und Minze 42
Rote-Bete-Gazpacho 44
Oma Paulettes Taboulé 46
Kleine Buddha Bowl 48
Zucchini-Walnuss-Cranberry-Maki 50
Kaltes Mischgemüse 52
Selleriesalat mit Quark 54
Radicchiosalat mit Roquefort 56
Salat mit Fenchel, Apfel und Cranberry 58
Möhrensalat mit Knoblauch und Ingwer 60
Scharfer Thai-Salat 62
Salat mit Papaya und Erdnuss 64
Oma Pascales Reissalat 66
Bruschetta mit Thunfisch und Feldsalat 68
Wraps mit Gemüse und Grillhähnchen 70
Oma Owczareks Reibekuchen 72
Fischbällchen 74
Spargelsuppe mit Meerrettichsahne 76
Zucchini-Rucola-Suppe 78
Bohnencremesuppe mit Haselnüssen 80
Möhrensuppe mit Koriandergrün und Kreuzkümmel 82
Oma Claudes Pastete 84
Kürbis-Spinat-Tarte 86
Tarte mit Lauch, Ziegenkäse und Honig 88
Opa Pascales Gemüsetortilla 90

REZEPTE

Gazpacho aus Gurke, Melone und Minze

 —

 10 Min. (+ 1 Std.)

 4 Pers.

 Sommer

Zutaten

- 400 g Salatgurke
- 100 g Melone
- 5 Blätter Minze
- 1 Zehe Knoblauch
- 1 Limette

Außerdem
2 EL Olivenöl
Salz und Pfeffer
Minzeblätter zum Garnieren

1. Gurke schälen und längs halbieren. Kerne entfernen und die Gurke in kleine Stücke schneiden. Knoblauch schälen und Keim entfernen.

2. Gurke und Knoblauch mit der gewaschenen Minze in den Mixer geben und auf hoher Stufe pürieren.

3. Limette auspressen. Saft und Öl zufügen und erneut pürieren. Gazpacho 1 Stunde in den Kühlschrank stellen.

4. Melone klein würfeln und kalt stellen.

5. Vor dem Servieren den Gazpacho mit der Gabel glatt rühren.

6. Mit Salz und Pfeffer würzen, in Gläser füllen und mit Melonenwürfeln und je 1 Minzeblatt garnieren.

Die Gurkenkerne lassen sich gut mit einem großen Löffel herauskratzen. Für eine üppigere Version 1–2 EL griechischen Joghurt unterrühren.

VORSPEISEN

Für das Baby

AB 4 MONATEN

fein püriert

Nach Schritt 1 30–40 g Gurke beiseitelegen. Pürieren und den Gurkensaft auffangen.

AB 6 MONATEN

püriert

Nach Schritt 1 30–40 g Gurke beiseitelegen. Pürieren und den Gurkensaft auffangen.

AB 8 MONATEN

passiert

Nach Schritt 3 30–40 g Gazpacho beiseitestellen. Vor dem Servieren gut durchrühren.

AB 12 MONATEN

stückig

Nach Schritt 3 30–40 g Gazpacho und **nach Schritt 4** 10–15 g Melonenwürfel beiseitestellen. Vor dem Servieren Gazpacho gut durchrühren und mit den Melonenwürfeln garnieren.

REZEPTE

Rote-Bete-Gazpacho

— 10 Min.

4 Pers.   Sommer

Zutaten

400 g
Rote Bete

1
Apfel
(Granny Smith)

100 g
Ziegenfrischkäse
(pasteurisiert)

1 Blatt
Minze

Außerdem

Saft von 1 Zitrone
Olivenöl
Sherryessig

1. Die Rote Beten schälen und in kleine Stücke schneiden.
2. In den Mixer geben, etwas Öl zufügen und pürieren. Falls der Gazpacho nicht glatt genug ist, nach Bedarf etwas Wasser dazugeben.
3. Den Apfel schälen, vierteln, das Kerngehäuse entfernen und ein Viertel in kleine Würfel und/oder Stifte schneiden.
4. 1 Apfelviertel zum Rote-Bete-Püree in den Mixer geben. Minze zufügen und alles glatt pürieren.
5. Etwas Essig in den Mixer geben und erneut pürieren.
6. Frischkäse zerbröckeln und restlichen Apfel fein würfeln. Die Apfelwürfel mit Zitronensaft benetzen, damit sie nicht braun werden.
7. Den Gazpacho in hohe Gläser füllen und mit einigen Apfelstücken und Käsewürfeln garnieren.

VORSPEISEN

Für das Baby

AB 4 MONATEN

fein püriert

Nach Schritt 1 30 g Rote Bete beiseitestellen und fein pürieren.

 Wenn der Gazpacho im Mixer nicht glatt genug wird, streichen Sie ihn durch ein sehr feinmaschiges Sieb.

AB 6 MONATEN

püriert

Nach Schritt 2 30 g Gazpacho beiseitestellen.

AB 8 MONATEN

passiert

Nach Schritt 4 200 g Rote-Bete-Apfel-Gazpacho beiseitestellen.

AB 12 MONATEN

stückig

200 g Gazpacho mit Apfelstücken und Käsewürfeln servieren.

 Garnieren Sie den Gazpacho mit 3 Apfelstücken und einigen Käsewürfeln. Durch einen Strohhalm schmeckt es gleich noch mal so gut!

REZEPTE

Oma Paulettes Taboulé

 2 Min. 25 Min.

 4 Pers. Frühling Sommer

Zutaten

- 350 g mittelfeiner Grieß
- 4 Tomaten
- 1 Salatgurke
- ½ + ½ Paprika (rot/grün)
- 10 Blätter Minze

Außerdem

2 Stängel Basilikum
4 TL Olivenöl
1 kleine rote Zwiebel
Saft von 1 Zitrone
Saft von 1 Limette
Salz und Pfeffer
1 gelbe Paprika für das Baby

1. Grieß in eine große Schüssel geben. 500 ml Wasser zum Kochen bringen. Über den Grieß gießen, mit einer Gabel gut verrühren, abdecken und 1–3 Minuten stehen lassen.

2. Öl dazugeben und den Grieß mit einer Gabel oder den Fingern auflockern.

3. Minze und Basilikum waschen, einige Blätter zum Garnieren beiseitelegen und den Rest fein hacken.

4. Tomaten und Paprikahälften häuten, die Gurke schälen. Kerne entfernen und die Gurke fein würfeln. Zwiebel schälen und fein würfeln.

5. Gemüse und Kräuter zum Grieß in die Schüssel geben.

6. Das Taboulé mit Zitronen- und Limettensaft beträufeln. Abdecken und in den Kühlschrank stellen.

7. Das Taboulé vor dem Servieren salzen, pfeffern und jede Portion mit 1 Minzeblatt garnieren.

Sie können auch andere oder zusätzliche Kräuter verwenden, z. B. Koriander, Dill, Petersilie oder auch Estragon.

VORSPEISEN

Für das Baby

AB 4 MONATEN

fein püriert

Nach Schritt 4 30–40 g Tomate beiseitestellen.
Fein pürieren und durch ein feinmaschiges Sieb streichen.

 Wenn Ihr Baby Tomate schon kennt, können Sie 1 kleines Basilikumblatt für mehr Aroma zufügen.
Sie können ihm auch Gurkensaft anbieten, pur oder mit Tomatensaft gemischt.

AB 6 MONATEN

püriert

Nach Schritt 4 10 g Tomate, 20 g Gurke und 10 g gelbe Paprika plus 1 Prise Kräuter und 5 g Fett beiseitestellen.
In einem kleinen Topf das Gemüse mit den Kräutern 3 Minuten andünsten. Anschließend zu einer glatten, homogenen Mischung pürieren, dann das Fett zufügen. Dieses Rezept ist zum Entdecken neuer Aromen gedacht und nicht als Hauptbestandteil der Mahlzeit.

AB 8 MONATEN

passiert

Nach Schritt 2 100 g heißen Grieß und **nach Schritt 4** 40 g Tomate, 30 g Gurke und 30 g gelbe Paprika plus 1 Prise Kräuter beiseitestellen.
In einem kleinen Topf das Gemüse mit den Kräutern 3 Minuten andünsten. Das Gemüse pürieren und mit dem Grieß vermengen.

 Das Fett ist hier schon im Grieß enthalten.

AB 12 MONATEN

stückig

Vor dem Würzen 30 g Taboulé für das Baby beiseitestellen.

 Wenn Ihr Kind noch keine knackigen Stückchen essen kann, kochen Sie Paprika und Zwiebeln kurz in Wasser, um sie weicher zu machen. Als Hauptspeise 120–150 g Taboulé mit 30 g Protein (Fleisch, Fisch oder Ei) servieren.

REZEPTE

Kleine Buddha Bowl

 20 Min.   25 Min.

 4 Pers. ☀ Frühling Sommer

Zutaten

 350 g Bulgur

 1 Avocado

 1 Mango

 200 g frische Erbsen

 200 g Zuckerschoten

 400 g gelbe Zucchini

Außerdem
4 Eier
Pflanzenöl
1 kleines Bund Koriandergrün
2 EL Sesamsaat
einige Sprossen

Für das Dressing:
2 EL Pflanzenöl
Saft von 1 Zitrone

1. Den Bulgur nach Packungsanweisung kochen.

2. Die Eier für die Familie 6 Minuten (weich), für das Baby 9 Minuten (hart) kochen. Die gekochten Eier vierteln.

3. Avocado und Mango schälen. Die Avocado halbieren, dann vierteln und schließlich in dünne Spalten schneiden. Die Mango fein würfeln.

4. Zwei Töpfe Wasser zum Kochen bringen und die Erbsen 8 Minuten, die Zuckerschoten 6 Minuten kochen, bis sie gar, aber noch bissfest sind. Abtropfen lassen.

5. Zucchini waschen und längs halbieren. Entkernen und fein würfeln.

6. Etwas Öl in einen Topf geben, Zucchiniwürfel hineingeben und goldbraun anbraten. 1 kleine Handvoll gehackten Koriander dazugeben.

7. Den Bulgur in die Mitte einer Schüssel geben und am Rand 1 kleine Handvoll von jedem Gemüse/jeder Frucht anrichten. Mit Sesamsaat und Sprossen bestreuen. Zum Schluss etwas Dressing aus Öl und Zitronensaft darüberträufeln.

VORSPEISEN

Für das Baby

AB 4 MONATEN
fein püriert

Nach Schritt 5 30–40 g Zucchini beiseitestellen. In einem Topf 10 Minuten mit wenig Wasser kochen, dabei gelegentlich umrühren. Falls die Zucchini ansetzen, etwas Wasser nachgießen. Fein pürieren.

AB 6 MONATEN
püriert

Nach Schritt 2 10 g Ei (je 1/4 Eiweiß und Eigelb), nach Schritt 4 100 g Erbsen und nach Schritt 5 100 g Zucchini plus 1 Prise Koriandergrün und 5 g Fett beiseitestellen.
Erbsen und Zucchini in einen Topf mit kochendem Wasser geben. 10 Minuten kochen lassen, Koriandergrün dazugeben. Alles abtropfen lassen und fein pürieren. Gehacktes Ei und Fett unterrühren.

AB 8 MONATEN
passiert

Nach Schritt 1 50 g Bulgur, nach Schritt 2 20 g Ei (je 1/3 Eiweiß und Eigelb), nach Schritt 4 50 g Erbsen und nach Schritt 5 100 g Zucchini plus 1 Prise Koriandergrün und 5 g Fett beiseitestellen.
Erbsen und Zucchini in einen Topf mit kochendem Wasser geben. 10 Minuten kochen lassen, Koriandergrün dazugeben. Alles abtropfen lassen und fein pürieren. Grob gehacktes Ei und Fett unterrühren. Püree, Ei und Bulgur vermengen.

AB 12 MONATEN
stückig

Nach Schritt 1 75 g Bulgur, nach Schritt 2 30 g Ei (je ½ Eiweiß und Eigelb), nach Schritt 4 25 g Erbsen und 25 g Zuckerschoten, nach Schritt 6 25 g Zucchini plus etwas Dressing beiseitestellen.
Den Bulgur auf einem Teller anrichten, daneben Erbsen, Zuckerschoten, Zucchini und halbiertes Ei. Mit Dressing beträufeln.

REZEPTE

Zucchini-Walnuss-Cranberry-Maki

  30 Min.

 4 Pers. Frühling Sommer

Zutaten

| 2 große Zucchini | 70 g Walnusskerne | 70 g Cranberrys | 200 g Ziegenfrischkäse (pasteurisiert) | 80 g Schlagsahne (pasteurisiert) |

Außerdem

½ Bund Schnittlauch
1 Schalotte
1 Knoblauchzehe
Olivenöl
Saft von 1 Limette
2 EL Honig
Salz und Pfeffer

1. Zucchini waschen und längs halbieren.

2. Beide Zucchini längs in sehr dünne Scheiben schneiden.

3. Die Scheiben so aufrollen, dass in der Mitte eine Öffnung zum Füllen bleibt. Mit einem Holzspießchen zusammenstecken.

4. Schnittlauch in Röllchen schneiden. Schalotte und Knoblauch schälen und fein hacken. Walnüsse und Cranberrys hacken.

5. In einer Schüssel Frischkäse, Sahne, Schnittlauch, Schalotte, Knoblauch, Walnüsse und Cranberrys vermengen. Etwas Öl und Limettensaft dazugeben. Die Masse in einen Spritzbeutel füllen und in den Kühlschrank legen.

6. 3 Zucchiniröllchen auf einen Teller setzen. Füllung hineinspritzen. Die restlichen Zucchiniröllchen auf den anderen Tellern ebenso anrichten.

7. Mit einem Klecks Honig und weiteren Zutaten (Walnüsse, Cranberrys oder Schnittlauchröllchen) garnieren.

Die Maki können Sie als Vorspeise oder auch als Partyhappen servieren. Das Rezept lässt sich vielseitig abwandeln, z. B. mit aufgeschlagener Crème fraîche mit Chorizo oder mit einer Ricottafüllung.

VORSPEISEN

Für das Baby

AB 4 MONATEN

fein püriert

Nach Schritt 1 30–40 g Zucchini beiseitestellen.
Schälen und in einem kleinen Topf 8–10 Minuten kochen. Abtropfen lassen und fein pürieren.

 Damit der Brei nicht so flüssig ist, können Sie etwas Kartoffel dazugeben.

AB 6 MONATEN

püriert

Nach Schritt 1 200 g Zucchini plus 1 Prise Schnittlauch und 10 g Sahne beiseitestellen.
Zucchini schälen und in einem kleinen Topf 8–10 Minuten kochen. Abtropfen lassen und mit Sahne und Schnittlauch fein pürieren.

 Das Fett immer erst am Ende des Garvorgangs zufügen.

AB 8 MONATEN

passiert

Nach Schritt 1 200 g Zucchini plus 1 Prise gehackte Schalotte und Knoblauch, 1 Prise Schnittlauch und 10 g Sahne beiseitestellen.
Zucchini, Schalotte und Knoblauch schälen und 8–10 Minuten dampfgaren. Mit Schnittlauch und Sahne passieren.

AB 12 MONATEN

stückig

Nach Schritt 6 1 Maki servieren.

 Rohen Honig erst ab 3 Jahren zufügen.

REZEPTE

Kaltes Mischgemüse

 20 Min.   15 Min.

 4 Pers.   Sommer Herbst

Zutaten

 150 g Kartoffeln

 150 g Möhren

 100 g Speiserübe

 100 g Erbsen (tiefgekühlt)

 150 g grüne Bohnen

Außerdem
1 EL Mayonnaise (pasteurisiert)
Salz und Pfeffer

1. Kartoffeln, Möhren und Rübe schälen. Das Gemüse waschen und fein würfeln.
2. Die Enden der Bohnen abschneiden. Bohnen in 1 cm lange Stücke schneiden.
3. Jedes Gemüse getrennt weich kochen.
4. Abtropfen lassen und unter fließendes kaltes Wasser halten, damit es schneller abkühlt.
5. Das Gemüse in eine Schüssel geben.
6. Mit der Mayonnaise vermengen, salzen und pfeffern. Bis zum Servieren in den Kühlschrank stellen.

Sie können pro Person auch noch 1 hart gekochtes Ei zufügen und Außerdem etwas Koriander, Schnittlauch und Petersilie.

VORSPEISEN

Für das Baby

AB 4 MONATEN

fein püriert

Nach Schritt 3 30–40 g Erbsen beiseitestellen. Mit dem Kochwasser fein pürieren.

 Statt Kochwasser können Sie auch Muttermilch oder Säuglingsnahrung verwenden.

AB 6 MONATEN

püriert

Nach Schritt 3 100 g Rübe und 100 g Erbsen plus 5 g Fett beiseitestellen. Das Gemüse glatt pürieren. Fett zufügen.

 Zum leichteren Pürieren etwas Vollmilch oder Säuglingsnahrung zufügen.

AB 8 MONATEN

passiert

Nach Schritt 3 100 g Rübe und 100 g Erbsen plus 5 g Fett beiseitestellen. Das Gemüse in einer Gemümsemühle grob passieren. Fett zufügen.

 Zum leichteren Passieren etwas Vollmilch oder Säuglingsnahrung zufügen. Sie können auch ein paar Schalottenwürfel mit ins Kochwasser geben.

AB 12 MONATEN

stückig

Nach Schritt 5 30 g Mischgemüse plus 1 gestrichenen TL Mayonnaise beiseitestellen. Alles vermengen.

 Die Mayonnaise können Sie auch durch etwas Olivenöl ersetzen.

REZEPTE

Selleriesalat mit Quark

  10 Min.

 4 Pers. Herbst Winter

1
Knollensellerie

3 EL
Quark

½ Bund
Schnittlauch

1 TL
Senf

1
Zitrone (Saft)

Außerdem
Salz und Pfeffer

1. Den Sellerie waschen, schälen, waschen und vierteln.
2. Fein raspeln.
3. Schnittlauch waschen und in feine Röllchen schneiden.
4. Sellerie mit Zitronensaft beträufeln und Quark zufügen.
5. Alles vermengen. Mit Schnittlauch bestreuen, erneut mischen.
6. Senf, Salz und Pfeffer zufügen. Durchrühren und servieren.

Sie können den Schnittlauch auch durch Petersilie oder Koriandergrün ersetzen.

VORSPEISEN

Für das Baby

AB 4 MONATEN

fein püriert

Nach Schritt 2 30–40 g Sellerie beiseitstellen. In einem kleinen Topf mit Wasser 8–10 Minuten kochen lassen. Fein pürieren.

 Sie können den Sellerie auch in Vollmilch kochen.

AB 6 MONATEN

püriert

Nach Schritt 2 200 g Sellerie plus 1 Prise Schnittlauchröllchen und 5 g Fett beiseitestellen.
Den Sellerie in einem kleinen Topf mit Wasser 8–10 Minuten kochen lassen. Mit Schnittlauch und Fett fein pürieren.

AB 8 MONATEN

passiert

Nach Schritt 2 200 g Sellerie plus 1 Prise Schnittlauchröllchen und 5 g Fett beiseitestellen.
Den Sellerie in einem kleinen Topf mit Wasser 8–10 Minuten kochen lassen. Mit Schnittlauch und Fett fein zerdrücken.

AB 12 MONATEN

stückig

Nach Schritt 5 dem Baby 30 g Selleriesalat als Vorspeise servieren.

 Den Sellerie gegebenenfalls in kleine Stücke schneiden.

REZEPTE

Radicchiosalat mit Roquefort

 –

 15 Min.

 4 Pers.

 Herbst Winter

Zutaten

4 Köpfe
Radicchio

80 g
Roquefort

60 g
Rosinen

½
*Apfel
(Granny Smith)*

3 EL
Walnussöl

Außerdem

*1 EL Sherryessig
Saft von 1 Zitrone
1 Bund Schnittlauch
Salz und Pfeffer*

1. Rosinen klein schneiden.
2. Radicchio waschen, abtropfen lassen und dünn in Scheiben schneiden.
3. Apfel waschen und in Stifte schneiden. Mit Zitronensaft beträufeln, damit er nicht braun wird.
4. Den Roquefort fein würfeln.
5. In einer Schüssel Radicchio, Apfelstifte, Rosinen und Roquefort vermengen.
6. Schnittlauch in Röllchen schneiden und über den Salat streuen.
7. Öl und Essig in einer Schüssel verrühren. Salat mit der Vinaigrette beträufeln und auf dem Teller salzen und pfeffern.

Der Salat lässt sich auch mit Bleu d'Auvergne zubereiten, er muss aber – wie der Roquefort – pasteurisiert sein. Ergänzen Sie den Salat nach Geschmack mit harten Eiern, Thunfisch oder auch gewürfeltem Brathähnchen.

VORSPEISEN

Für das Baby

AB 4 MONATEN

fein püriert

Nach Schritt 2 30 g Radicchio und **nach Schritt 3** 10 g Apfel beiseitestellen. In einem kleinen Topf mit Wasser 8–10 Minuten kochen lassen. Fein pürieren.

 Sie können etwas Kartoffel hinzufügen, um die Konsistenz zu verbessern und das bittere Radicchioaroma abzumildern.

AB 6 MONATEN

püriert

Nach Schritt 2 100 g Radicchio und **nach Schritt 3** 100 g Apfel plus 1 Prise Schnittlauch und 5 g Fett beiseitestellen.
Radicchio und Apfel dampfgaren. Mit Schnittlauch und Fett pürieren.

AB 8 MONATEN

passiert

Nach Schritt 2 100 g Radicchio und **nach Schritt 3** 100 g Apfel plus 1 Prise Schnittlauch und 5 g Fett beiseitestellen.
Radicchio und 50 g Apfel dampfgaren. Restlichen Apfel sehr fein würfeln. Die gegarten Zutaten mit Schnittlauch und Fett passieren. Apfelwürfel darauf verteilen.

 Sie können etwas Schalotte ins Kochwasser geben oder Feldsalat oder Kartoffel zufügen, um das bittere Radicchioaroma abzumildern.

AB 12 MONATEN

stückig

30 g Radicchiosalat servieren. Zum leichteren Kauen den Radicchio in kleine Stücke schneiden. Als Vorspeise servieren.

 Das Dressing können Sie separat servieren.

REZEPTE

Salat mit Fenchel, Apfel und Cranberry

 —   15 Min.

 4 Pers.   ☀ Sommer Herbst

Zutaten

2 große
Fenchelknollen

1
Apfel
(Granny Smith)

100 g
Cranberrys

300 g
junger Spinat

100 g
Parmesan

Außerdem

Salz und Pfeffer

Für das Dressing:
2 EL Olivenöl
Saft von 1 Zitrone

1. Fenchel und Apfel waschen (Fenchelknollen dazu längs halbieren). Spinat waschen und abtrocknen.
2. Apfel vierteln, Kerngehäuse entfernen und in dünne Scheiben schneiden. Fenchel in sehr dünne Scheiben schneiden.
3. Spinat in eine Schüssel geben, Apfel- und Fenchelscheiben darauf verteilen.
4. Parmesanspäne und Cranberrys darüberstreuen.
5. Den Salat mit Öl und Zitronensaft beträufeln. Auf dem Teller salzen und pfeffern.

👨‍🍳 Sie können den Salat mit Walnüssen abrunden und den Parmesan durch pasteurisierten Ziegenfrischkäse ersetzen.

VORSPEISEN

Für das Baby

AB 4 MONATEN

fein püriert

Nach Schritt 2 30–40 g Fenchel beiseitestellen. In einem kleinen Topf mit Wasser 10–15 Minuten kochen lassen.
Abtropfen lassen und fein pürieren.

 Für eine kräftigere Konsistenz können Sie etwas Kartoffel hinzufügen.

AB 6 MONATEN

püriert

Nach Schritt 1 200 g Spinat und **nach Schritt 2** 100 g Fenchel plus 5 g Fett beiseitestellen.
Spinat in einem kleinen Topf mit Wasser kochen lassen. Das Volumen verringert sich dabei um die Hälfte. In einem zweiten Topf den Fenchel 10 Minuten in sprudelnd kochendem Wasser garen. Spinat und Fenchel abtropfen lassen. Mit dem Fett pürieren, bis der Brei glatt ist.

AB 8 MONATEN

passiert

Nach Schritt 1 150 g Spinat und **nach Schritt 2** 50 g Apfel und 100 g Fenchel plus 5 g Fett beiseitestellen.
Spinat in einem kleinen Topf mit Wasser kochen lassen. Das Volumen verringert sich dabei um die Hälfte. In einem zweiten Topf den Fenchel 10 Minuten in sprudelnd kochendem Wasser garen. Spinat und Fenchel abtropfen lassen. Mit dem Fett grob pürieren. Den Apfel in kleine Würfel schneiden und über das Püree streuen.

AB 12 MONATEN

stückig

30 g Fenchelsalat vor dem Würzen servieren.

 Wenn der Fenchel zu knackig ist, 10 Minuten in kochendem Wasser weich werden lassen.
Sie können auch alle Zutaten in kleine Stücke schneiden.

REZEPTE

Möhrensalat mit Knoblauch und Ingwer

— 10 Min.
(+ 1 Std.)

4 Pers. ganz-
jährig

Zutaten

500 g   1 Zehe   20 g   ¼ Bund   1
Möhren   Knoblauch   frischer Ingwer   Petersilie   Zitrone (Saft)

Außerdem

Pflanzenöl
Salz und Pfeffer

1. Möhren waschen, schälen und raspeln.
2. Knoblauch schälen und fein hacken.
3. Ingwer schälen und fein hacken.
4. Petersilie waschen und fein hacken.
5. Öl und Zitronensaft in eine Schüssel geben.
6. Geraspelte Möhren zufügen und alles vermengen.
7. Knoblauch, Ingwer und Petersilie dazugeben.
8. Alles vermengen und vor dem Servieren mindestens 1 Std. kalt stellen, damit die Möhren weich werden.
9. Salzen und pfeffen.

 Die Petersilie lässt sich durch Schnittlauch oder Koriandergrün ersetzen.

VORSPEISEN

Für das Baby

AB 4 MONATEN

fein püriert

Nach Schritt 1 30–40 g Möhre beiseitstellen.
8–10 Minuten in einem kleinen Topf mit Wasser kochen lassen. Fein pürieren.

AB 6 MONATEN

püriert

Nach Schritt 1 200 g Möhren plus 1 Prise Petersilie und 5 g Fett beiseitestellen.
Die Möhren 8–10 Minuten in einem kleinen Topf mit Wasser kochen lassen. Mit Petersilie und Fett fein pürieren.

AB 8 MONATEN

passiert

Nach Schritt 1 200 g Möhren plus 1 Prise Petersilie und 5 g Fett beiseitestellen.
Die Möhren 8–10 Minuten in einem kleinen Topf mit Wasser kochen lassen. Mit Petersilie und Fett fein zerdrücken.

AB 12 MONATEN

stückig

Nach Schritt 8 dem Baby 30 g Möhrensalat als Vorspeise servieren.

REZEPTE

Scharfer Thai-Salat

 —   15 Min.

 4 Pers.   Frühling Sommer

Zutaten

- 1 kleine Salatgurke
- 3 Tomaten
- 2 Salatherzen
- 1 Bund Schnittlauch
- 1 kleine rote Chilischote
- 40 g Sojasprossen

Außerdem

Olivenöl
Sesamöl
1 EL Reisessig
2 Prisen geröstete Sesamsaat

1. Gurke waschen und schälen. Längs halbieren und entkernen. In kleine Stücke schneiden.
2. Tomaten waschen und häuten. Kerne entfernen, Fruchtfleisch in dünne Spalten schneiden.
3. Salatherzen waschen und in dünne Scheiben schneiden.
4. Schnittlauch waschen und in Röllchen schneiden.
5. Chilischote waschen und in dünne Ringe schneiden.
6. In einer Schüssel Gurke, Tomaten, Salat und Sojasprossen vermengen. Schnittlauch dazugeben.
7. Erst ein wenig Oliven- und Sesamöl, dann den Essig darüberträufeln. Mit Sesamsaat bestreuen.
8. Einige Chiliringe dazugeben.

 Sie können auch einige gehackte Erdnüsse darüberstreuen.

VORSPEISEN

Für das Baby

AB 4 MONATEN

fein püriert

Nach Schritt 1 30–40 g Gurke beiseitestellen.
Pürieren und das Wasser auffangen.

 Das Gurkenwasser können Sie Ihrem Baby auch im Fläschchen geben.

AB 6 MONATEN

püriert

Nach Schritt 2 100 g Tomate und **nach Schritt 3** 200 g Salat plus 5 g Fett beiseitestellen.
Tomate und Salat dampfgaren (der Salat fällt dabei zusammen). Gemüse zusammen fein pürieren. Fett zufügen und erneut pürieren.

AB 8 MONATEN

passiert

Nach Schritt 1 100 g Gurke, **nach Schritt 2** 100 g Tomate plus 1 Prise Schnittlauch und 5 g Fett beiseitestellen.
Das Gemüse passieren. Schnittlauch und Fett dazugeben und alles verrühren.

AB 12 MONATEN

stückig

Nach Schritt 7 dem Baby 30 g Thai-Salat als Vorspeise servieren.
Ein paar Tropfen Dressing dazugeben.

 Sie können den Salat mit einigen fein gehackten Erdnüssen verfeinern.

REZEPTE

Salat mit Papaya und Erdnuss

— 10 Min.

4 Pers. Winter

Zutaten

1
grüne Papaya

1
gelbe Papaya

70 g   ½ Bund
Erdnusskerne   Schnittlauch

1 EL
Olivenöl

Außerdem

1 TL Apfelessig
Salz und Pfeffer

1. Grüne Papaya schälen, waschen und raspeln.
2. Gelbe Papaya schälen, waschen und in feine Spalten schneiden.
3. Erdnüsse hacken.
4. Schnittlauch waschen und in Röllchen schneiden.
5. Grüne und gelbe Papaya in einer Schüssel vorsichtig vermengen.
6. Öl und Essig darüberträufeln und mit Erdnüssen und Schnittlauch bestreuen.
7. Salzen und pfeffern.

 Sie können den Papayasalat auf einer Scheibe geröstetem Brot servieren.

VORSPEISEN

Für das Baby

AB 4 MONATEN

fein püriert

Nach Schritt 1 10 g grüne Papaya und **nach Schritt 2** 20 g gelbe Papaya beiseitestellen. Dampfgaren und fein pürieren.

AB 6 MONATEN

püriert

Nach Schritt 1 50 g grüne Papaya und **nach Schritt 2** 50 g gelbe Papaya plus 5 g Fett beiseitestellen.
Papayas glatt pürieren und Fett unterrühren.

 Für etwas mehr Aroma ein paar Schnittlauchröllchen untermischen. Sie können diese Vorspeise auch ohne Fett als Dessert servieren.

AB 8 MONATEN

passiert

Nach Schritt 1 10 g grüne Papaya und **nach Schritt 2** 20 g gelbe Papaya plus 1 Prise Schnittlauch und 5 g Fett beiseitestellen. Papayas zerdrücken, Schnittlauch und Fett dazugeben. Alles vermengen.

AB 12 MONATEN

stückig

Nach Schritt 2 50 g gelbe Papaya plus 1 Prise Schnittlauch, 1 Prise gehackte Erdnüsse, 5 g Fett und 1 Tropfen Apfelessig beiseitestellen. Alles vermengen.

 Der Apfelessig kann auch weggelassen werden. Sie können den Papayasalat auf einem gerösteten Stück Maisbrot servieren. Vor dem Einführen von Erdnüssen bitte mit dem Kinderarzt Rücksprache halten!

REZEPTE

Oma Pascales Reissalat

 20 Min.   25 Min. (+ 1 Std.)

 6 Pers.   Frühling Sommer

Zutaten

- 200 g Reis
- 200 g Mais
- ½ + ½ Paprikaschoten (grün/rot)
- 18 Anchovis in Olivenöl
- 120 g Thunfisch ohne Öl

Außerdem

15 schwarze Oliven
1 Bund Schnittlauch
2 Eier
2 EL Olivenöl
1 TL Essig
Salz und Pfeffer

1. Reis nach Packungsangaben kochen. Abtropfen lassen und unter fließendem kalten Wasser waschen. In eine Schüssel geben.
2. Mais, Thunfisch, Anchovis und Oliven abtropfen lassen. Oliven klein schneiden.
3. Schnittlauch in Röllchen schneiden. Paprikahälften häuten, entkernen und in sehr kleine Stücke schneiden (etwas größer als die gekochten Reiskörner).
4. Die Eier 9 Minuten kochen und unter fließendem kaltem Wasser abschrecken. Pellen und vierteln.
5. Mais, Paprika, zerkleinerten Thunfisch und Oliven in die Schüssel geben und alles vermengen.
6. Öl und Essig in einer Schüssel verrühren und die Vinaigrette mit dem Reissalat mischen.
7. Eiviertel und Anchovis auf dem Salat verteilen und alles mit Schnittlauch bestreuen. Salzen, pfeffern und vor dem Servieren mindestens 1 Stunde kalt stellen.

VORSPEISEN

Für das Baby

AB 4 MONATEN
fein püriert

30–40 g Mais beiseitestellen. 3–4 Minuten in einem kleinen Topf mit kochendem Wasser nur erhitzen (er ist bereits gegart). Pürieren und durch ein feinmaschiges Sieb streichen.

AB 6 MONATEN
püriert

Nach Schritt 3 100 g Mais und 95 g Paprika und **nach Schritt 4** 10 g hart gekochtes Ei (Eiweiß und Eigelb) plus 1 Prise Schnittlauch und 5 g Fett beiseitestellen.
In einem kleinen Topf mit kochendem Wasser Mais, Paprika und Schnittlauch 5 Minuten garen. Abtropfen lassen und mit dem Fett glatt pürieren. Püree in eine Schüssel geben, fein gehacktes Ei dazugeben und alles vermengen.

AB 8 MONATEN
passiert

Nach Schritt 1 75 g Mais, 75 g Reis, **nach Schritt 3** 75 g Paprika und **nach Schritt 4** 20 g hart gekochtes Ei (Eiweiß und Eigelb) plus 1 Prise Schnittlauch und 5 g Fett beiseitestellen.
In einem kleinen Topf mit kochendem Wasser Mais und Paprika 5 Minuten garen. Abtropfen lassen und mit dem Fett glatt pürieren. Schnittlauch und Reis zufügen und alles vermengen.
In eine Schüssel geben und mit der Gabel zerdrücktes Ei dazugeben. Falls erforderlich, erneut erhitzen.

AB 12 MONATEN
stückig

Nach Schritt 6 30 g Reissalat servieren.
Das Hauptgericht sollte keine Proteine enthalten.

REZEPTE

Bruschetta mit Thunfisch und Feldsalat

 8 Min.   20 Min.

 4 Pers.   Herbst

Zutaten

| 4 dicke Scheiben Bauernbrot | 300 g Thunfisch ohne Öl | 200 g Feldsalat | 200 g Kartoffeln | 3 EL Ricotta (pasteurisiert) |

Außerdem

1 kleiner Becher Frischkäse (pasteurisiert)
1 Bund Schnittlauch
1 kleine Schalotte
Salz und Pfeffer

Für das Dressing:
2 EL Olivenöl
Saft von 1 Zitrone

1. Kartoffeln schälen, waschen und fein würfeln. Erneut waschen. In einen Topf geben, mit Wasser bedecken und 5–8 Minuten kochen.

2. Brotscheiben auf dem Brötchenaufsatz des Toasters rösten. Abkühlen lassen.

3. Schnittlauch in feine Röllchen schneiden und ein wenig davon über die Kartoffeln streuen.

4. Schalotte schälen und fein hacken. Feldsalat waschen. Thunfisch abtropfen lassen, in eine Schüssel geben und mit der Gabel zerteilen.

5. Ricotta, Schalotte und die Hälfte des verbliebenen Schnittlauchs zufügen. In einer zweiten Schüssel den Frischkäse mit der anderen Hälfte des Schnittlauchs vermengen.

6. Das geröstete Brot mit Schnittlauch-Frischkäse bestreichen. Mit einigen Salatblättern belegen und 3 kleine Stückchen Thunfisch darauf verteilen.

7. Salzen, pfeffern und mit Öl und wenig Zitronensaft beträufeln.

8. Die Bruschetta mit dem restlichen Feldsalat und einigen Kartoffelwürfeln servieren.

VORSPEISEN

Für das Baby

AB 4 MONATEN

fein püriert

Nach Schritt 4 30–40 g Feldsalat beiseitestellen. In einem kleinen Topf mit kochendem Wasser 8–10 Minuten garen. Abtropfen lassen und fein pürieren.

AB 6 MONATEN

püriert

Nach Schritt 3 100 g Kartoffeln und **nach Schritt 4** 100 g Feldsalat und 10 g Thunfisch plus 5 g Fett beiseitestellen.
Feldsalat in einem kleinen Topf mit kochendem Wasser 3 Minuten garen. Abtropfen lassen. Thunfisch, Feldsalat, Kartoffeln und Fett in eine Rührschüssel geben.
Glatt pürieren.

AB 8 MONATEN

passiert

Nach Schritt 3 100 g Kartoffeln und **nach Schritt 4** 100 g Feldsalat und 10 g Thunfisch plus 5 g Fett beiseitestellen.
Feldsalat in einem kleinen Topf mit kochendem Wasser 3 Minuten garen. Abtropfen lassen. Thunfisch, Feldsalat, Kartoffeln und Fett in eine Rührschüssel geben.
Grob passieren.

 Sie können ein wenig von der Schalotte ins Kochwasser für den Feldsalat geben.

AB 12 MONATEN

stückig

Ein kleines Stück Brot beiseitelegen und wie für die Großen garnieren: etwas Feldsalat, 1 Stückchen Thunfisch (10 g) und einige Kartoffelwürfel.

 Die Proteinmenge entspricht nicht dem Tagesbedarf. Die Hauptmahlzeit sollte daher 20–25 g Proteine enthalten.

REZEPTE

Wraps mit Gemüse und Grillhähnchen

 10 Min.   25 Min.

 4 Pers.   ☀ Frühling Sommer

Zutaten

| 4 Wraps | 2 große Möhren | 1 kleiner Schwarzer Rettich | 1 große Salatgurke | 2 Hähnchenfilets |

Außerdem

2 Äpfel (Granny Smith)
1 rote Zwiebel
Pflanzenöl
Saft von 1 Zitrone
125 g Salat
Salz und Pfeffer

Für das Dressing:
125 g Ricotta (pasteurisiert)
1 Bund Schnittlauch
2 EL Pflanzenöl

1. Für das Dressing Schnittlauch in Röllchen schneiden. In einer Schüssel Ricotta mit Schnittlauch und Öl verrühren. Salzen und pfeffern (für das Baby vorher einen Teil beiseitestellen).

2. Zwiebel schälen und fein hacken. In einer Pfanne mit dem Hähnchen in etwas Öl anbraten. Das Fleisch von jeder Seite 4–5 Minuten bräunen.

3. Hähnchenfleisch in Scheiben schneiden.

4. Möhren und Rettich schälen und dritteln. Gurke schälen und entkernen.

5. Äpfel vierteln. Kerngehäuse entfernen und mit Zitronensaft beträufeln, damit sie nicht braun werden.

6. Alle Zutaten waschen und in sehr dünne Stifte schneiden.

7. Arbeitsfläche mit Frischhaltefolie abdecken und 1 Wrap darauf auslegen. Mit Dressing bestreichen, dann das Salatblatt und 1–2 Scheiben Fleisch in die Mitte legen. Die restlichen Zutaten auf dem Wrap verteilen.

8. Den Wrap aufrollen und fest in Klarsichtfolie wickeln. In den Kühlschrank legen.

9. Vor dem Servieren den Wrap halbieren, Frischhaltefolie entfernen und den Wrap auf eine Serviette legen.

VORSPEISEN

Für das Baby

AB 4 MONATEN

fein püriert

Nach Schritt 4 30–40 g Gurke beiseitestellen. Fein pürieren und das Gurkenwasser auffangen. Kühl servieren.

 Das Gurkenwasser kann auch im Fläschchen angeboten werden.

AB 6 MONATEN

püriert

Nach Schritt 3 10 g Hähnchen, **nach Schritt 4** 100 g Möhre und 50 g Rettich, **nach Schritt 5** 50 g Apfel plus 5 g Fett beiseitestellen. Gemüse und Apfel klein schneiden und mit etwas Wasser in einen kleinen Topf geben. Einen Deckel aufsetzen und 10 Minuten unter gelegentlichem Rühren kochen lassen. Fein pürieren.
Fett dazugeben, unterrühren und mit püriertem Hähnchenfleisch servieren.

AB 8 MONATEN

passiert

Nach Schritt 3 20 g Hähnchen, **nach Schritt 4** 100 g Möhre und 50 g Rettich, **nach Schritt 5** 50 g Apfel plus 5 g Fett beiseitestellen. Klein geschnittene Möhre und Rettich in einen kleinen Topf mit etwas Wasser geben. Einen Deckel aufsetzen und 10 Minuten kochen lassen. 1 Minute vor Ende der Kochzeit den Apfel zufügen. Alles grob zerdrücken. Fett dazugeben, unterrühren und mit gehacktem Hähnchenfleisch servieren.

AB 12 MONATEN

stückig

30–40 g Wrap in kleine Stücke schneiden und mit etwas Dressing servieren.

 Da das Dressing schon Fett enthält, brauchen Sie bei dieser Version keines dazugeben. Die Proteinmenge entspricht nicht dem Tagesbedarf; die Hauptmahlzeit sollte noch 10–15 g zusätzliche Proteine enthalten.

REZEPTE

Oma Owczareks Reibekuchen

 15 Min.   20 Min.

 4 Pers.   Herbst Winter

Zutaten

 1 kg Kartoffeln

 1 Pastinake

 2 Eier

 1 Zwiebel

 2 Zehen Knoblauch

Außerdem

1 Bund Petersilie
Pflanzenöl
Salz und Pfeffer

1. Zwiebel und Knoblauch schälen und fein hacken.
2. Kartoffeln waschen, schälen und waschen, dann auf einer groben Reibe raspeln.
3. Pastinake waschen, schälen und ebenfalls raspeln.
4. Petersilie waschen und hacken.
5. Alle Zutaten in einer Schüssel vermengen.
6. Eier in die Schüssel schlagen und untermengen.
7. Etwas Öl in eine heiße Pfanne geben und den Teig in kleinen Kreisen hineingeben.
8. Von beiden Seiten in einigen Minuten goldbraun braten.
9. Salzen und pfeffern.

Die Reibekuchen eignen sich als Vorspeise oder auch als Partyhäppchen. Als Vorspeise einen grünen Salat dazu servieren.

VORSPEISEN

Für das Baby

AB 4 MONATEN
fein püriert

Nach Schritt 3 30–40 g Pastinake beiseitestellen.
In einem kleinen Topf mit kochendem Wasser 8–10 Minuten garen.
Fein pürieren.

 Sie können die Pastinake auch in Vollmilch kochen.

AB 6 MONATEN
püriert

Nach Schritt 2 100 g Kartoffeln, **nach Schritt 3** 100 g Pastinake
plus 1 Prise Petersilie und 5 g Fett beiseitestellen.
Kartoffeln und Pastinake in einem kleinen Topf mit kochendem Wasser
garen. Mit Petersilie und Fett durch die Passiermühle drücken.

AB 8 MONATEN
passiert

Nach Schritt 3 50 g Pastinake, **nach Schritt 8** ½ Reibekuchen
beiseitestellen. Pastinake in einem kleinen Topf mit kochendem Wasser
garen. Fein pürieren.
Reibekuchen hacken und zum Pastinakenpüree servieren.

AB 12 MONATEN
stückig

1 Reibekuchen servieren.

 Da diese Vorspeise bereits den Tagesbedarf an Proteinen
enthält, braucht das Baby in der Hauptmahlzeit keine mehr.
Servieren Sie den Reibekuchen mit einigen zerkleinerten
Blättern grünem Salat.

REZEPTE

Fischbällchen

 40 Min.
 30 Min. (+ 12 Std.)
 6 Pers.
 ganzjährig

Zutaten

150 g
Stockfisch

100 g
Kabeljau

250 g
Kartoffeln

500 ml
Vollmilch

1 kleine
Zwiebel

Außerdem

1 Knoblauchzehe
1 Bund krause Petersilie
1 Ei
Frittierfett
Salz und Pfeffer

1. Am Vorabend den Stockfisch in einer Schüssel mit kaltem Wasser einlegen, um das Salz auszuwaschen.

2. Am Tag der Zubereitung Kartoffeln, Zwiebel und Knoblauch schälen. Kartoffeln waschen und in kleine Stücke schneiden.

3. Alle Zutaten mit den Petersilienstängeln in der Milch aufkochen lassen. Gemüse mit einem Schaumlöffel herausheben (Milch aufheben) und mit der Gemüsemühle zu einem glatten, homogenen Püree verarbeiten.

4. Den Stockfisch 15 Minuten in der beiseitegestellten Milch kochen, dann grob zerteilen und dabei die Gräten entfernen.

5. Kabeljau 10 Minuten in etwas Wasser mit Petersilie kochen. Beides fein hacken.

6. Beide Fischsorten unter das Püree heben. Ei und Petersilie zugeben.

7. Frittierfett erhitzen. Sobald es heiß ist, mit zwei Esslöffeln aus dem Teig kleine Nocken formen und goldbraun frittieren. Die Fischbällchen auf Küchenpapier entfetten.

8. Salzen und pfeffern. Sofort mit einem grünen Salat mit pikanter Vinaigrette servieren.

VORSPEISEN

Für das Baby

AB 4 MONATEN
fein püriert

Nach Schritt 3 30–40 g Kartoffelpüree beiseitestellen.

 Auf diese Weise kann Ihr Baby Kräuteraromen mit einem neutralen Geschmacksträger entdecken.
Kartoffeln können ab dem Beikoststart eingeführt werden, um Pürees oder sämige Suppen anzudicken.

AB 6 MONATEN
püriert

Nach Schritt 3 200 g Kartoffelpüree und **nach Schritt 5** 10 g Kabeljau plus 5 g Fett beiseitestellen.

 Eine Mahlzeit ohne Gemüse ist erlaubt, solange die Ernährung des Babys in der restlichen Woche ausgewogen ist.

AB 8 MONATEN
passiert

Nach Schritt 3 200 g Kartoffelpüree und **nach Schritt 5** 20 g grob gehackten Kabeljau plus 5 g Fett beiseitestellen.

AB 12 MONATEN
stückig

Nach Schritt 7 dem Baby 1–2 kleine Fischbällchen servieren.

 Das Frittieren als Zubereitungsart sollte eine Ausnahme sein, und die Bällchen dürfen nur goldbraun frittiert werden, nicht dunkler. Achten Sie darauf, ob Ihr Baby die Bällchen schon allein essen kann, sonst schneiden Sie sie klein, damit es sich nicht verschluckt.

REZEPTE

Spargelsuppe mit Meerrettichsahne

 25 Min.   20 Min.

 4 Pers.   Frühling

Zutaten

- 400 g weißer Spargel
- 15 g Meerrettich
- 100 g Kartoffeln
- 500 ml Vollmilch
- 100 g Schlagsahne (pasteurisiert)

Außerdem

60 g Haselnusskerne
1 Bund Schnittlauch
1 weiße Zwiebel
40 g Butter

1. Schnittlauch waschen und in Röllchen schneiden. Vom Spargel die Enden abschneiden, schälen und waschen.
2. Kartoffeln schälen, waschen und in Stücke schneiden.
3. Milch in einen kleinen Topf gießen und das Gemüse 20 Minuten darin kochen lassen. Abtropfen lassen.
4. Zwiebel fein hacken und in der Butter andünsten.
5. Spargel und Kartoffeln dazugeben und 5 Minuten mitdünsten. Im Mixer glatt pürieren.
6. Sahne aufschlagen und den Meerrettich zufügen. Vorsichtig mit einem Teigschaber unterheben.
7. Die Suppe auf Teller verteilen und mit Schnittlauch bestreuen.
8. Einige gehackte Haselnüsse darüberstreuen.
9. Auf jeden Teller einen Klecks Meerrettichsahne geben und heiß servieren.

> Die Suppe kann man mit gebratenen Chorizoscheiben verfeinern. Geben Sie die Meerrettichsahne erst kurz vor dem Servieren dazu, sonst wird sie in der heißen Suppe wieder flüssig.

VORSPEISEN

Für das Baby

AB 4 MONATEN

fein püriert

Nach Schritt 5 30–40 g Suppe beiseitestellen.

AB 6 MONATEN

püriert

Nach Schritt 5 200 g Suppe plus 5 g Fett beiseitestellen. Fett unterrühren.

AB 8 MONATEN

passiert

Nach Schritt 5 200 g Suppe plus 5 g Fett beiseitestellen. Fett unterrühren.

AB 12 MONATEN

stückig

Nach Schritt 6 5 g Sahne und **nach Schritt 7** 30–40 g Suppe beiseitestellen. Sahne unterrühren. Als Vorspeise servieren.

 Wenn es Ihrem Baby schmeckt, spricht nichts gegen einen Nachschlag!

REZEPTE

Zucchini-Rucola-Suppe

 25 Min. 20 Min.

 4 Pers.  Frühling Sommer

Zutaten

400 g
Zucchini

100 g
Rucola

100 g
fest kochende
Kartoffeln

2 EL
Crème fraîche
(pasteurisiert)

100 g
Comté
(pasteurisiert)

100 g
Croûtons

Außerdem

1 Zwiebel
1 Knoblauchzehe
2 EL Pflanzenöl
Salz und Pfeffer

1. Zucchini und Kartoffeln schälen, waschen und in kleine Stücke schneiden.

2. Zwiebel und Knoblauch klein schneiden und mit etwas Öl in einen kleinen Topf geben. 4–5 Minuten andünsten.

3. Kartoffeln dazugeben und 3–4 Minuten mitgaren.

4. Zucchini und Rucola dazugeben, einen Deckel aufsetzen und unter gelegentlichem Rühren 15 Minuten dünsten. Wenn das Gemüse ansetzt, etwas Wasser dazugießen.

5. Den Käse in kleine Würfel schneiden und bis zum Servieren kalt stellen.

6. Gemüse auf höchster Stufe im Mixer sehr glatt pürieren. Sahne und restliches Öl dazugeben und erneut pürieren.

7. Die Suppe auf Teller verteilen, salzen und pfeffern.

8. Mit Käsewürfeln und Croûtons bestreuen.

Geben Sie Zucchini und Rucola unbedingt erst zum Schluss dazu, damit sie ihre schöne grüne Farbe nicht verlieren.

VORSPEISEN

Für das Baby

AB 4 MONATEN
fein püriert

Nach Schritt 1 30–40 g Zucchini beiseitestellen.
8 Minuten dampfgaren und fein pürieren.

AB 6 MONATEN
püriert

Nach Schritt 7 200 g Suppe servieren.

AB 8 MONATEN
passiert

Nach Schritt 7 200 g Suppe servieren.

AB 12 MONATEN
stückig

Nach Schritt 7 30 g Suppe plus 10–15 g Käsewürfel als heiße Vorspeise servieren.
Als Hauptgericht **nach Schritt 7** 180 g Suppe plus 10–15 g Käsewürfel und 10–15 g Croûtons servieren.

REZEPTE

Bohnencremesuppe mit Haselnüssen

 20 Min.   10 Min.

 4 Pers.   ganzjährig

Zutaten

650 g	60 g	1 große	1 l	150 g
ausgelöste Dicke Bohnen (tiefgekühlt)	Haselnusskerne	Zwiebel	Gemüsebouillon	Schlagsahne (pasteurisiert)

Außerdem

Olivenöl
Salz und Pfeffer

1. Zwiebel schälen und fein hacken.
2. Zwiebel mit etwas Öl in einem kleinen Topf andünsten.
3. Nach 5 Minuten die Bohnen zufügen.
4. Bouillon zugießen und aufkochen lassen.
5. Einen Deckel aufsetzen und 15 Minuten köcheln lassen.
6. Die Bohnen mit der Sahne pürieren.
7. Suppe auf Teller verteilen und mit gehackten Nüssen bestreuen.
8. Salzen, pfeffern und heiß servieren.

Dazu passen ein paar Scheiben gebratene Chorizo.
Sie können dazu auch Meerrettichsahne oder mit Speck oder Haselnüssen aromatisierte Sahne reichen.

Für das Baby

AB 4 MONATEN

fein püriert

Nach Schritt 4 30–40 g Bohnen beiseitestellen.
Fein pürieren. Falls erforderlich, zum Pürieren etwas Mineralwasser dazugeben.

AB 6 MONATEN

püriert

Nach Schritt 5 200 g Suppe beiseitestellen.

 Die Sahne sorgt für die Fettzufuhr.

AB 8 MONATEN

passiert

Nach Schritt 5 200 g Suppe beiseitestellen.

 Die Sahne sorgt für die Fettzufuhr.

AB 12 MONATEN

stückig

Nach Schritt 6 30 g Suppe beiseitestellen.

 Die Sahne sorgt für die Fettzufuhr.
Wenn es Ihrem Baby schmeckt, spricht nichts gegen einen Nachschlag!

REZEPTE

Möhrensuppe mit Koriandergrün und Kreuzkümmel

 35 Min.   20 Min.

 4 Pers. ganzjährig

Zutaten

 6 große Möhren

 ½ Bund Koriandergrün

 1 TL Kreuzkümmel

 1 weiße Zwiebel

 1 Zehe Knoblauch

Außerdem
2 EL Olivenöl
Salz und Pfeffer

1. Möhren schälen, waschen und in Scheiben schneiden. Zwiebel und Knoblauch schälen und grob hacken. Koriandergrün waschen und fein hacken.

2. In einem Schmortopf Zwiebel und Knoblauch in etwas Öl anschwitzen, bis sie glasig sind. Kreuzkümmel dazugeben und 5–6 Minuten mitrösten.

3. Möhren dazugeben, umrühren und 5 Minuten mitgaren. Mit Wasser auffüllen, einen Deckel aufsetzen und weitere 15–20 Minuten kochen lassen.

4. Die garen Möhren mit etwas Wasser zu einer nicht zu dickflüssigen Suppe pürieren.

5. Mit dem restlichen Öl beträufeln und mit Koriandergrün bestreuen. Auf Teller verteilen, salzen und pfeffern.

Wenn die Suppe cremiger und üppiger sein soll, können Sie die Möhren auch in Vollmilch kochen und zum Schluss etwas Crème fraîche unterrühren. Noch mehr Pfiff bekommt die Suppe mit kleinen Käsewürfeln aus Beaufort oder Tomme de Savoie.

VORSPEISEN

Für das Baby

AB 4 MONATEN

fein püriert

Nach Schritt 4 30–40 g Suppe beiseitestellen.

 Um die Suppe cremiger zu machen, können Sie Muttermilch oder Säuglingsnahrung zufügen, dann darf sie aber nicht aufkochen.

AB 6 MONATEN

püriert

Nach Schritt 4 200 g Suppe plus 5 g Fett beiseitestellen. Alles verrühren.

 Als Fett eignet sich Butter, Walnuss- oder Haselnussöl (wenn keine Allergieneigung besteht und Schalenfrüchte bereits eingeführt sind) oder Olivenöl.

AB 8 MONATEN

passiert

Nach Schritt 4 200 g Suppe plus 5 g Fett beiseitestellen. Alles verrühren.

 Als Fett eignet sich Butter, Walnuss- oder Haselnussöl (wenn keine Allergieneigung besteht und Schalenfrüchte bereits eingeführt sind) oder Olivenöl.

AB 12 MONATEN

stückig

Servieren Sie 30 g Suppe als Vorspeise.

 Zusätzlich können Sie kleine Croûtons und Beaufort-Würfel in die Suppe geben.

REZEPTE

Oma Claudes Pastete

 50 Min.
 25 Min.
 6 Pers.
 Frühling Sommer

Zutaten

 2 Lagen *Blätterteig*

 500 g *frischer Spinat*

 250 g *frische Erbsen*

 250 g *Ricotta (pasteurisiert)*

 250 g *geriebener Gruyère*

 125 g *Speckwürfel (Schwein, Pute, Hähnchen)*

Außerdem

1 Zwiebel
1 Knoblauchzehe
2 EL Olivenöl (nach Belieben)
1 Ei + 1 Eigelb
Salz

1. Zwiebel und Knoblauch schälen und fein hacken. In einer Pfanne mit den Speckwürfeln andünsten (falls es ansetzt, etwas Öl zufügen) und leicht anbräunen.

2. In einem kleinen Topf mit Wasser erst den Spinat 3 Minuten, dann die Erbsen 8 Minuten kochen. Jeweils abtropfen lassen und den Spinat in einem Geschirrtuch ausdrücken, um sämtliches Wasser zu entfernen.

3. In einer Schüssel das Ei verrühren, Ricotta und Gruyère dazugeben und mit einem Löffel gut unterrühren. Speckwürfel, Spinat und Erbsen zufügen. Salzen, vermengen und abschmecken.

4. 1 Lage Blätterteig auf ein Schneidbrett legen. Die Füllung darauf verteilen, dabei 1 cm Rand frei lassen.

5. Den Rand mit den Fingern oder einem Backpinsel mit Eigelb bestreichen. Die zweite Lage Blätterteig auf die Füllung legen. Den Rand auf der unteren Lage festdrücken. Den Rand erneut mit Eigelb bestreichen und nach innen einrollen.

6. Mit einem Messer ein kleines Loch in die Mitte der Pastete stechen und mit dem restlichen Eigelb bepinseln. Mit dem Messer ohne Druck ein Gitter in den Teig ritzen, ohne ihn durchzuschneiden. Im vorgeheizten Ofen 40 Minuten bei 180 °C backen. Heiß oder kalt mit grünem Salat servieren.

VORSPEISEN

Für das Baby

AB 4 MONATEN

fein püriert

Nach Schritt 2 30–40 g Erbsen beiseitestellen. Fein pürieren und durch ein feines Sieb streichen, um die Erbsenschalen zu entfernen.

 Wenn das Püree zu dick ist, können Sie es mit etwas Kochwasser verdünnen. Falls Sie es schon abgegossen haben, nehmen Sie Säuglingsnahrung oder lauwarme Muttermilch.

AB 6 MONATEN

püriert

Nach Schritt 2 100 g Erbsen und 100 g Spinat plus 5 g Fett beiseitestellen.
Fein pürieren und durch ein feines Sieb streichen, um die Erbsenschalen zu entfernen. Fett unterrühren.

 Wenn das Püree zu dick ist, können Sie es mit etwas Kochwasser verdünnen. Falls Sie es schon abgegossen haben, nehmen Sie die Milch, die das Baby auch trinkt, bringen Sie sie aber nicht zum Kochen.

AB 8 MONATEN

passiert

Nach Schritt 2 100 g Erbsen und 100 g Spinat plus 15 g Ricotta und 5 g Fett beiseitestellen.
Gemüse mit dem Ricotta passieren.
Fett zufügen und alles verrühren.

AB 12 MONATEN

stückig

Ein Stück Pastete von 30–40 g servieren. Vor dem Essen in kleine Stücke schneiden.

 Sie können die Pastete das ganze Jahr über aus frischen oder tiefgekühlten Zutaten oder aus der Dose zubereiten.
Die Proteinmenge entspricht nicht dem Tagesbedarf.
Servieren Sie Ihrem Baby anschließend ein Hauptgericht mit 20–30 g Fleisch, Fisch oder Ei.

REZEPTE

Kürbis-Spinat-Tarte

 45 Min.   30 Min. (+ 15 Min.)

 6 Pers.   Herbst Winter

Zutaten

 850 g Moschuskürbis oder anderer Kürbis

 800 g Spinat

 1 weiße Zwiebel

 1 Zehe Knoblauch

 3 Eier

 200 g Crème fraîche (pasteurisiert)

Außerdem
2 EL Olivenöl

Für den Teig:
100 g Butter in Stücken
150 g Mehl
50 g Walnusskerne, gemahlen
1 Ei

1. Für den Teig Butter, Mehl und gemahlenen Nüsse mit den Fingern verkrümeln. Nach und nach das verrührte Ei unterkneten. Es soll ein homogener Teig entstehen. Zu einer Kugel formen.

2. Zwischen zwei Lagen Backpapier 3 mm dünn ausrollen und 15 Minuten kalt stellen. Eine flache Kuchenform damit auslegen.

3. Kürbis, Zwiebel und Knoblauch schälen und in kleine Stücke schneiden. Etwas Öl in einen kleinen Topf geben und das Gemüse dazugeben. Unter gelegentlichem Rühren 5 Minuten andünsten.

4. Spinat mit Öl in eine Pfanne geben und zusammenfallen lassen. Abtropfen lassen.

5. In einer Schüssel die Eier mit der Sahne verrühren. Kürbis und Spinat dazugeben und alles vorsichtig vermengen.

6. Die Füllung auf den Teig gießen und im vorgeheizten Ofen 40 Minuten bei 180 °C backen. Vor dem Herausnehmen prüfen, ob die Tarte gar ist.

7. Die Tarte in Stücke schneiden und mit einem Blattsalat aus jungen Blättern servieren.

VORSPEISEN

Für das Baby

AB 4 MONATEN

fein püriert

Nach Schritt 3 30–40 g Kürbis beiseitestellen.
Falls er nicht weich genug ist, noch etwas weitergaren. Fein pürieren.

 Wenn Ihr Kind Kürbis schon kennt, können Sie nach Schritt 4 zu 10–20 g Kürbis 20 g Spinat zufügen.

AB 6 MONATEN

püriert

Nach Schritt 3 120 g Kürbis und **nach Schritt 4** 80 g Spinat plus 5 g Fett beiseitestellen.
Falls der Kürbis nicht weich genug ist, noch etwas weitergaren. Gemüse fein pürieren und Fett unterrühren.

 Dieses Gericht ohne Proteine sollte am besten abends serviert werden, nach einem proteinhaltigen Mittagessen.
Um das Babygericht etwas zu aromatisieren, können Sie eine kleine Messerspitze mildes Currypulver dazugeben. Auch die Mengen können Sie tauschen oder mehr oder weniger Spinat zufügen, solange die Gesamtmenge bei etwa 200 g bleibt.

AB 8 MONATEN

passiert

Nach Schritt 3 120 g Kürbis und **nach Schritt 4** 80 g Spinat plus 5 g Fett beiseitestellen.
Falls der Kürbis nicht weich genug ist, noch etwas weitergaren. Den Kürbis mit der Gabel zerdrücken, den Spinat grob hacken. Fett unterrühren.

AB 12 MONATEN

stückig

Servieren Sie Ihrem Baby 30 g Tarte, in kleine Stücke geschnitten.

 Geben Sie keine zusätzlichen Proteine zu dieser Mahlzeit, der Bedarf wird durch das Ei im Teig gedeckt.
Wegen des Allergierisikos sollten Nüsse unbedingt eingeführt sein, BEVOR Sie dieses Gericht zum ersten Mal servieren.

REZEPTE

Tarte mit Lauch, Ziegenkäse und Honig

 45 Min.   20 Min.

 6–8 Pers.   ganzjährig

Zutaten

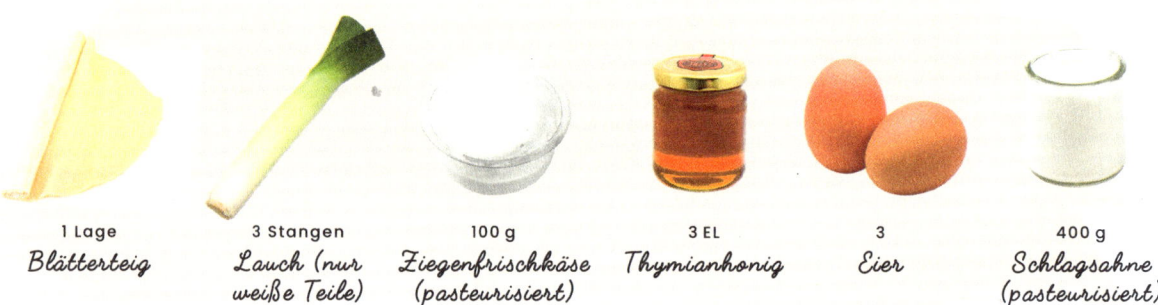

- 1 Lage Blätterteig
- 3 Stangen Lauch (nur weiße Teile)
- 100 g Ziegenfrischkäse (pasteurisiert)
- 3 EL Thymianhonig
- 3 Eier
- 400 g Schlagsahne (pasteurisiert)

Außerdem

1 weiße Zwiebel
1 kleines Stück Butter
1 Prise mildes Currypulver
150 g Comté (pasteurisiert)

1. Lauch waschen und die weißen Teile in dünne Scheiben schneiden. Zwiebel schälen und fein hacken.

2. Zwiebel und Lauch mit der Butter in einer Pfanne andünsten. 10 Minuten weiterbraten, dann abtropfen lassen.

3. In einer Schüssel die Eier mit Sahne und Frischkäse verrühren. Honig und Currypulver dazugeben und erneut verrühren.

4. Eine Springform mit dem Teig auslegen, Lauch darauf verteilen und die Eier-Sahne-Käse-Masse darübergießen.

5. Mit geriebenem Comté bestreuen und im vorgeheizten Ofen in 30–40 Minuten bei 180 °C goldbraun backen. Falls die Tarte noch zu hell ist, die Backzeit etwas verlängern.

6. Die Tarte kalt oder lauwarm mit einem grünen Blattsalat servieren.

Variation: Schneiden Sie eine Ziegenkäserolle in Scheiben und verteilen Sie sie vor dem Backen auf der Tarte.

VORSPEISEN

Für das Baby

AB 4 MONATEN

fein püriert

Nach Schritt 2 30–40 g Lauch beiseitestellen.
Fein pürieren.

 Damit der Brei nicht so flüssig wird, können Sie etwas Kartoffel dazugeben.

AB 6 MONATEN

püriert

Nach Schritt 2 200 g Lauch plus 30 g Sahne beiseitestellen.
Zusammen fein pürieren.

 Die Sahne sorgt hier für die Fettzufuhr.
Sie können etwas Kochwasser unterrühren, um die Suppe zu verdünnen. Als stärkehaltiges Nahrungsmittel können Sie 100 g Kartoffel zu 100 g Lauch dazugeben.

AB 8 MONATEN

passiert

Nach Schritt 2 200 g Lauch plus 30 g Sahne beiseitestellen.
Zusammen passieren.

 Als stärkehaltiges Nahrungsmittel und für eine festere Konsistenz können Sie Kartoffel dazufügen (100 g auf 100 g Lauch).

AB 12 MONATEN

stückig

Servieren Sie 30 g Tarte, in kleine Stücke geschnitten, als Vorspeise.

 Im Hauptgericht können Sie auf Proteine verzichten, diese Vorspeise deckt bereits den Tagesbedarf Ihres Babys.

REZEPTE

Opa Pascales Gemüsetortilla

 25 Min.   25 Min.

 4 Pers.   Sommer

Zutaten

6	400 g	3 + 3	300 g	50 g	300 g
Eier	Kartoffeln	rote Zwiebeln/ rote Paprika	grüne Bohnen	Comté (pasteurisiert)	Crème fraîche (pasteurisiert)

Außerdem

½ Bund Petersilie
50 g Comté (pasteurisiert)
1 EL Olivenöl
Salz und Pfeffer

1. Kartoffeln waschen und schälen. In Stücke schneiden, waschen und in einem kleinen Topf mit Wasser kochen.

2. Zwiebeln schälen und in dünne Scheiben schneiden.

3. Paprika waschen, häuten, halbieren und die Samen entfernen. In dünne Streifen schneiden.

4. Die Enden der Bohnen abschneiden, 10 Minuten in kochendem Wasser garen. Abtropfen lassen.

5. Petersilie waschen, abtrocknen und fein hacken.

6. In einer Schüssel die Eier mit der Sahne verrühren. Gemüse, Petersilie und geriebenen Comté unterheben.

7. Öl in einer Pfanne erhitzen und die Eier-Sahne-Masse hineingießen. Stocken lassen, bis die Tortilla leicht fest und goldbraun ist.

8. Die Tortilla mithilfe eines Tellers wenden und von der anderen Seite ebenfalls goldbraun braten. Vom Herd nehmen und etwas abkühlen lassen.

9. Die lauwarme Tortilla auf einen großen Teller legen, salzen und pfeffern, dann in Stücke schneiden.

VORSPEISEN

Für das Baby

AB 4 MONATEN

fein püriert

Nach Schritt 4 30–40 g Bohnen beiseitestellen. Fein pürieren.

 Damit der Brei nicht so flüssig wird, können Sie etwas Kartoffel dazugeben.

AB 6 MONATEN

püriert

Nach Schritt 1 100 g Kartoffeln, **nach Schritt 3** 100 g Paprika sowie 10 g gestocktes Ei aus der Tortilla plus 10 g Sahne beiseitestellen. Kartoffeln durch die Gemüsemühle passieren, Paprika und Ei im Mixer pürieren. Alles vermengen und Sahne zufügen.

 Die Sahne sorgt in diesem Rezept für die Fettzufuhr.

AB 8 MONATEN

passiert

Nach Schritt 1 50 g Kartoffeln, **nach Schritt 3** 100 g Paprika, **nach Schritt 4** 50 g Bohnen sowie 20 g gestocktes Ei aus der Tortilla plus 10 g Sahne beiseitestellen.
Fein gewürfelte Paprika in einem Topf mit Wasser kochen. Abtropfen lassen. Kartoffel durch die Passiermühle drehen, Bohnen und Ei im Mixer pürieren. Alles vermengen und Sahne und Paprikawürfel zufügen.

AB 12 MONATEN

stückig

30 g Tortilla als Vorspeise servieren.

 Im Hauptgericht können Sie auf Proteine verzichten, diese Vorspeise deckt bereits den Tagesbedarf Ihres Babys.

ANMERKUNGEN DER AUTORINNEN

- Die Mengenangaben beziehen sich auf die Familienmahlzeit. Denken Sie beim Einkauf daran, die in den Babyrezepten angegebenen Mengen hinzuzugeben.

- Die Art der Fette ist nicht immer angegeben, da es für die Ernährung Ihres Kindes wichtig ist, sie zu variieren.

- Ab 12 Monaten sind die Mengen der Babygerichte meist geringer als mit 8 Monaten, weil das Kind zusätzlich eine Vorspeise bekommt.

Hauptgerichte

Baskisches Hähnchen 94	Hörnchennudeln mit Schinken und Sellerie 146
Brathähnchen mit Kartoffelgratin wie bei Oma Pascale 96	Oma Roses Lammragout 148
Hähnchen-Tajine mit Zitrone und Oliven .. 98	Oma Patricias Lammkeule 150
Masala-Hähnchen 100	Moussaka 152
Paella 102	Oma Claudes Couscous 154
Curryhähnchen mit Reis und Kürbis 104	Pastilla mit Lamm und Wintergemüse .. 156
Putencurry mit Kokosmilch 106	Kabeljau mit Bulgur, Spargel und Romanesco 158
Putenschnitzel mit Crème fraîche und Steckrüben 108	Lachs mit zweierlei Tagliatelle 160
Entenbrust mit Feigen 110	Dorade mit Zitrus-Zucchini-Füllung .. 162
Hackfleisch-Kartoffelpüree-Auflauf 112	Gebratener Thunfisch mit Zucchini 164
Kaninchenpäckchen mit Zucchini und Pesto 114	Lachs à l'orange mit Kartoffel-Chayote-Püree 166
Lasagne mit Rind, Brocciu und Spinat .. 116	Panierter Kabeljau mit Selleriepüree .. 168
Cannelloni mit Rind und Champignons ... 118	Risotto mit Lauch und Kabeljau 170
Spaghetti bolognese 120	Gnocchi mit Blumenkohl und Seelachs ... 172
Hamburger mit Süßkartoffelfritten 122	Hechtnocken mit Brokkoli 174
Bœuf bourguignon 124	Pizza mit Thunfisch, Kapern und Oliven . 176
Oma Pascales Pot-au-feu 126	Papidounes einfache Fischsuppe 178
Chili con Carne 128	Rettichcreme mit Jakobsmuscheln 180
China-Fleischbällchen mit Glasnudeln .. 130	Oma Pascales Ratatouille 182
Gemüse mit Hackfleischfüllung 132	Polenta-Auberginen-Mozzarella-Gratin . 184
Oma Pascales Kalbsfleischfrikassee 134	Sechs-Gemüse-Suppe 186
Ossobuco 136	Oma Paulettes Pestosuppe 188
Jägerbraten mit grünen Bohnen 138	Polnische Rote-Bete-Suppe 190
Eintopf 140	Oma Patricias Shakshuka mit Eiern 192
Würstchencurry 142	
Linseneintopf mit Würstchen 144	

REZEPTE

Baskisches Hähnchen

 1 Std. 15 Min.   35 Min.

 4 Pers.   Frühling Sommer

Zutaten

| 2 Hähnchen-schenkel | 2 Hähnchenbrüste | 1 kg Tomaten | 500 g Paprika | ½ Glas Pimientos del Piquillo | 500 g Zwiebeln |

Außerdem

1 Knoblauchzehe
30 g Butter
1 Kräutersträußchen
1 l Hühnerbrühe
Salz und Piment d'Espelette
(baskische Chilisorte)

1. Tomaten häuten und grob zerkleinern. Paprika entkernen, häuten und in dünne Streifen schneiden. Pimientos waschen und in Streifen schneiden. Zwiebeln und Knoblauch schälen und fein hacken.

2. Etwas Butter in einen Topf geben und Zwiebeln, Knoblauch und Paprika andünsten. 10–15 Minuten weiterdünsten, ohne das Gemüse zu bräunen.

3. Tomaten und Kräutersträußchen dazugeben. Deckel aufsetzen und unter gelegentlichem Rühren 10 Minuten köcheln lassen. Am Ende der Garzeit die Pimientos dazugeben.

4. Hähnchenstücke mit der restlichen Butter in einen Schmortopf geben und von allen Seiten anbräunen. Bratensaft am Boden ansetzen lassen, um den Geschmack zu konzentrieren.

5. Fleisch aus dem Topf nehmen und mit der Brühe ablöschen, um den Bratensatz zu lösen.

6. Paprika-Tomaten-Mischung in den Schmortopf geben und die Hähnchenstücke darauf anrichten. Deckel aufsetzen und unter gelegentlichem Rühren bei mittlerer Hitze 30–40 Minuten köcheln lassen, bis das Fleisch gar ist.

7. Hitze erst reduzieren, dann ganz ausschalten, sobald das Fleisch butterweich ist.

8. Auf Teller verteilen. Nach Belieben mit Salz und Piment d'Espelette würzen.

HAUPTGERICHTE

Für das Baby

AB 4 MONATEN

fein püriert

Nach Schritt 2 10–20 g Paprika beiseitestellen.
Fein pürieren und durch ein Sieb streichen, um alle Stücke zu entfernen.

AB 6 MONATEN

püriert

Nach Schritt 6 10 g Hähnchenbrust und 150 g Paprika-Tomaten-Mischung plus 5 g Fett beiseitestellen. Zusammen pürieren.

AB 8 MONATEN

passiert

Nach Schritt 6 20 g Hähnchenbrust und 150 g Paprika-Tomaten-Mischung plus 5 g Fett beiseitestellen. Fleisch hacken, Gemüse passieren. Fett unter das passierte Gemüse rühren.

AB 12 MONATEN

stückig

Nach Schritt 6 30 g Hähnchenbrust und 120 g Paprika-Tomaten-Mischung plus 5 g Fett beiseitestellen. Hähnchen in Stücke schneiden, Gemüse nach Bedarf ebenfalls. Fett unter das Gemüse mischen.

> Ab 2 ½ Jahren können Sie Ihrem Kind eine kleine Hähnchenkeule zum Abnagen geben. Vorsicht mit den Knochen! Die Haut sollte es noch nicht bekommen, da sie für Babys und Kleinkinder schwer verdaulich ist.

REZEPTE

Brathähnchen mit Kartoffelgratin wie bei Oma Pascale

 1 Std. 45 Min.   25 Min.

 4 Pers.   Herbst Winter

Zutaten

| 1 ganzes Hähnchen (ausgenommen) | 1,5 kg Kartoffeln | 500 g Schlagsahne (pasteurisiert) | 500 ml Vollmilch | 150 g weiche Butter | ½ Bund Estragon |

Außerdem

4 Knoblauchzehen
Pflanzenöl

1. Kartoffeln schälen, waschen und in dünne Scheiben schneiden. Knoblauchzehen schälen, halbieren, von den Keimen befreien, zerdrücken und mit den Kartoffeln mischen.

2. Alles zusammen in einer Auflaufform verteilen, mit Sahne und Milch übergießen und im vorgeheizten Ofen 45 Minuten bei 200 °C backen (einen Teller unterstellen, falls die Sahne überläuft).

3. Estragon waschen, hacken und mit der Butter mischen. Butter zwischen Haut und Fleisch des Hähnchens verteilen.

4. Pfanne erhitzen, etwas Öl hineingeben und das Hähnchen von allen Seiten 2 Minuten anbräunen.

5. Auf einen ofenfesten Teller legen und im vorgeheizten Ofen 45 Minuten bis 1 Stunde bei 180 °C backen.

Verwenden Sie für dieses Gericht ein Huhn aus Freilandhaltung und Kartoffeln der Sorte Monalisa. Würzen Sie Hähnchen und Gratin erst, nachdem Sie eine Portion für das Baby beiseitegestellt haben.

HAUPTGERICHTE

Für das Baby

AB 4 MONATEN

fein püriert

Nach Schritt 2 30 g Gratin beiseitestellen.
Durch die Gemüsemühle passieren.

  Nicht im Mixer pürieren, weil das Püree darin zu klebrig wird und für das Baby schwer zu schlucken ist.

AB 6 MONATEN

püriert

Nach Schritt 2 200 g Gratin und **nach Schritt 5** 10 g Hähnchenbrust beiseitestellen. Hähnchen fein pürieren, Gratin durch die Gemüsemühle passieren.

  Nicht im Mixer pürieren, weil das Püree darin zu klebrig wird und für das Baby schwer zu schlucken ist.
Geben Sie nur 5 g Butter dazu, weil das Gratin bereits Sahne enthält. Sie können die Butter auch durch Margarine oder Öl ersetzen.

AB 8 MONATEN

passiert

Nach Schritt 2 200 g Gratin und **nach Schritt 5** 20 g Hähnchenbrust beiseitestellen.
Fleisch fein hacken, Gratin mit der Gabel zerdrücken.

AB 12 MONATEN

stückig

Nach Schritt 2 120 g Gratin und **nach Schritt 5** 30 g Hähnchenbrust beiseitestellen. Hähnchen in Stücke schneiden.

   Ab 2 ½ Jahren können Sie Ihrem Kind eine kleine Hähnchenkeule zum Abnagen geben. Vorsicht mit den Knochen!
Die Haut sollte es noch nicht bekommen, da sie für Babys und Kleinkinder schwer verdaulich ist.

REZEPTE

Hähnchen-Tajine mit Zitrone und Oliven

 50 Min.   20 Min.

4 Pers.   ganz jährig

Zutaten

| 4 Hähnchen-keulen | 2 konfierte Zitronen | 150 g grüne Oliven ohne Stein | 1,5 kg Kartoffeln | 1 Zwiebel | 2 Zehen Knoblauch |

Außerdem

3 Stängel Petersilie
3 Stängel Koriandergrün
1 TL Kurkuma-Safran-Mischung
1 TL Ingwer
3 EL Olivenöl
½ Zitrone

1. Oliven in einen Topf mit Wasser geben. Aufkochen, dann abtropfen lassen. Dreimal wiederholen.
2. Kartoffeln schälen und in große Stücke schneiden. Waschen, um die Stärke zu entfernen, damit sie nicht anbrennen.
3. Zwiebel und Knoblauch schälen. Vom Keim befreien und fein hacken. Petersilie und Koriandergrün waschen und hacken.
4. Fruchtfleisch der konfierten Zitronen heraustrennen (Schale aufheben) und mit Hähnchenstücken, Zwiebel und Knoblauch in eine Schüssel geben.
5. Gewürze, Petersilie und Koriandergrün dazugeben und alles mit den Händen verkneten.
6. Öl in einem Schmortopf erhitzen. Mariniertes Hähnchen in 10 Minuten goldbraun braten. Wenn es schön braun ist, mit Wasser auffüllen, Kartoffeln dazugeben, Deckel aufsetzen und 30 Minuten kochen. Gelegentlich umrühren.
7. Oliven und Zitronensaft dazugeben und 3 Minuten rühren.
8. Kurz vor dem Servieren die konfierte Zitronenschale in feine Streifen schneiden und dazugeben.

HAUPTGERICHTE

Für das Baby

AB 4 MONATEN

fein püriert

Nach Schritt 2 30 g Kartoffeln beiseitestellen. In einem Topf mit Vollmilch oder Wasser 10 Minuten kochen. Durch die Gemüsemühle mit feinem Bodensieb zu einem glatten Püree passieren.

 Um den Brei zu verdünnen, etwas Muttermilch oder Säuglingsnahrung dazugeben.

AB 6 MONATEN

püriert

Nach Schritt 7 200 g Kartoffeln und Oliven sowie 10 g Hähnchen plus 5 g Fett beiseitestellen.
Kartoffeln und Oliven mit dem Fett durch die Gemüsemühle mit feinem Bodensieb zu einem glatten Püree passieren.
Fleisch fein pürieren.

AB 8 MONATEN

passiert

Nach Schritt 7 200 g Kartoffeln und Oliven sowie 20 g Hähnchen plus 5 g Fett beiseitestellen. Kartoffeln und Oliven mit dem Fett durch die Gemüsemühle mit mittelfeinem Bodensieb zu einem groben Püree passieren.
Fleisch fein hacken.

AB 12 MONATEN

stückig

Nach Schritt 7 120 g Kartoffeln und Oliven sowie 30 g Hähnchen plus 5 g Fett beiseitestellen. Kartoffeln und Oliven mit dem Messer grob zerkleinern, Fett unterrühren und das Fleisch in kleine Stücke schneiden.

REZEPTE

Masala-Hähnchen

 1 Std. 15 Min. 30 Min.

 6 Pers.   Frühling

Zutaten

| 1 | 2 | 250 g | 150 g | 2 | 20 g |

ganzes Hähnchen, zerteilt · Kartoffeln · frische Erbsen · passierte Tomaten · rote Zwiebeln · frischer Ingwer

Außerdem

3 Knoblauchzehen
Pflanzenöl
5 TL Garam Masala
1 l Gemüsebrühe
Koriandergrün

Salz und Pfeffer

1. Haut vom Hähnchen abziehen.
2. Kartoffeln schälen, waschen und vierteln. Zwiebeln und Knoblauch schälen, Knoblauch zerdrücken und Zwiebeln fein hacken. Ingwer schälen und zerdrücken.
3. Zwiebeln, Knoblauch und Ingwer in einem Topf mit etwas Öl andünsten.
4. Hähnchenteile dazugeben und von allen Seiten anbräunen. Tomaten zugeben und bei schwacher Hitze 10 Minuten kochen.
5. Gemüsebrühe in einem kleinen Topf erhitzen und das Garam Masala dazugeben. In den Topf gießen.
6. Kartoffeln dazugeben. Deckel aufsetzen und bei schwacher Hitze 30 Minuten köcheln lassen. Gelegentlich umrühren.
7. Erbsen in sprudelnd kochendem Wasser 7 Minuten garen. Abtropfen lassen.
8. Erbsen in den Topf geben und die Sauce bei mittlerer Hitze 10 Minuten einkochen lassen, bis sie am Löffelrücken hängen bleibt. Koriandergrün dazugeben, auf Teller verteilen, salzen und pfeffern.

Je länger die Garzeit, desto besser schmeckt das Masala-Hähnchen. Wenn möglich, bereiten Sie es schon am Vortag zu.

HAUPTGERICHTE

Für das Baby

AB 4 MONATEN
fein püriert

Nach Schritt 7 30 g Erbsen beiseitestellen. Noch 10 Minuten kochen lassen, damit sie sich leichter pürieren lassen. Zu einem glatten Brei pürieren.

 Sie können auch Muttermilch oder Säuglingsnahrung dazugeben, um den Brei glatter zu machen.

AB 6 MONATEN
püriert

Nach Schritt 6 10 g Hähnchen und **nach Schritt 7** 200 g Erbsen plus 5 g Fett beiseitestellen. Erbsen noch 10 Minuten sprudelnd kochen. Zu einem glatten Brei pürieren. Fett dazugeben und unterrühren. Fleisch fein hacken.

AB 8 MONATEN
passiert

Nach Schritt 6 20 g Hähnchen und **nach Schritt 7** 200 g Erbsen plus 5 g Fett beiseitestellen. Erbsen noch 10 Minuten sprudelnd kochen. Nicht zu fein pürieren. Fett dazugeben und unterrühren. Fleisch hacken.

AB 15 MONATEN
stückig

Nach Schritt 8 30 g Hähnchen und 120 g Gemüse plus 5 g Fett beiseitestellen. Fett unter das Gemüse mischen.

REZEPTE

Paella

 45 Min.   35 Min.

 6 Pers. Sommer

Zutaten

 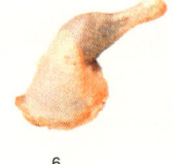    

400 g	6	1,6 kg	150 g	500 g + 250 g	1 + 1
Reis	Hähnchen-keulen	Meeresfrüchte (Garnelen, gewaschene Miesmuscheln, Tintenfischringe)	Chorizo	Tomaten/tiefgekühlte Erbsen	Paprikaschote (rot/grün)

Außerdem

Olivenöl
1 Zwiebel
1 Tütchen Spigol® (Paella-Gewürzmischung)
Hühnerfond
Salz und Pfeffer
2 Zitronen

1. Hähnchen mit wenig Öl in einer Paellapfanne anbräunen. In Scheiben geschnittene Chorizo dazugeben. Beiseitestellen.

2. Erbsen in einem kleinen Topf 10 Minuten sprudelnd kochen lassen. Abtropfen lassen und beiseitestellen.

3. Zwiebel fein hacken. Tomaten und Paprika waschen, häuten und entkernen. Tomaten fein würfeln, Paprika in dünne Streifen schneiden.

4. Zwiebel im Öl dünsten. Paprika, Tomaten und Spigol® dazugeben und umrühren. Reis hineingeben und erneut umrühren. 2 Liter Brühe zugießen.

5. Umrühren und Hähnchenteile in den Topf geben. Garnelen, Muscheln und Tintenfisch dazugeben. Bei schwacher Hitze weiterdünsten. Gelegentlich vorsichtig umrühren, damit die Paella nicht ansetzt.

6. Falls erforderlich, etwas Brühe oder Wasser nachgießen. Chorizo und Erbsen obenauf legen.
Mit Deckel bei schwacher Hitze garen. Salzen und pfeffern und mit Zitronenvierteln servieren.

Verwenden Sie die Reissorte Arroz Bomba. Zum Servieren können Sie noch Petersilie dazugeben. Das Spigol® lässt sich durch Safran ersetzen.

HAUPTGERICHTE

Für das Baby

AB 4 MONATEN

fein püriert

Nach Schritt 2 30 g Erbsen beiseitestellen.
Durch die Gemüsemühle passieren und durch ein feines Sieb streichen, um die Schalen zu entfernen.

 Sie können auch einen Mixer verwenden.
Für eine cremigere Konsistenz geben Sie etwas Muttermilch oder Säuglingsnahrung oder etwas Mineralwasser dazu.

AB 6 MONATEN

püriert

Nach Schritt 2 200 g Erbsen und **nach Schritt 5** 10 g Garnelen plus 5 g Öl beiseitestellen.
Erbsen fein pürieren, Öl unterrühren.
Garnelen fein hacken.

AB 8 MONATEN

passiert

Nach Schritt 2 100 g Erbsen und **nach Schritt 5** 30 g Reis, 70 g Paprika und 20 g Garnelen plus 5 g Öl beiseitestellen. Garnelen hacken.

AB 12 MONATEN

stückig

120 g Paella (nur Reis und Gemüse) und 30 g Garnelen servieren.

 Ab 2 ½ Jahren können Sie Ihrem Kind eine kleine Hähnchenkeule zum Abnagen geben. Vorsicht mit den Knochen!
Die Haut sollte es noch nicht bekommen, da sie für Babys und Kleinkinder schwer verdaulich ist.
Ab 3 Jahren kann es ein Stückchen Chorizo probieren.

REZEPTE

Curryhähnchen mit Reis und Kürbis

 45 Min.
 25 Min. (+ 30 Min.)
 4 Pers.
 Herbst Winter

Zutaten

 4 Hähnchenbrüste

 1 TL mildes Currypulver

 200 g Reis

 450 g Moschuskürbis

 400 ml Kokosmilch

 ½ Bund Koriandergrün

Außerdem

1 TL frisch geriebener Ingwer
Olivenöl
2 Zwiebeln
2 Knoblauchzehen
1 Tomate
Salz und Pfeffer

1. Hähnchenflisch in Stücke schneiden. Koriandergrün hacken. Ingwer schälen und zerdrücken.

2. Fleisch in eine Schüssel geben, etwas Öl, Currypulver und Ingwer dazugeben. Alles mischen und die Hälfte des Koriandergrüns hinzufügen. Mindestens 30 Minuten marinieren.

3. Zwiebeln und Knoblauch schälen und fein hacken. Tomate häuten, Kerne entfernen und würfeln.

4. Zwiebeln mit etwas Öl in einer Pfanne andünsten.

5. Fleisch dazugeben und 5 Minuten anbraten.

6. Knoblauch und Tomate zugeben. Kokosmilch zugießen, umrühren und 20 Minuten bei schwacher Hitze köcheln lassen.

7. Kürbis schälen und in kleine Würfel schneiden.

8. In einer Pfanne mit etwas Öl in 3 Minuten von allen Seiten goldbraun werden lassen. Das restliche gehackte Koriandergrün dazugeben.

9. Den Reis nach Packungsanleitung kochen. Mit dem Hähnchen servieren und auf dem Teller würzen.

HAUPTGERICHTE

Für das Baby

AB 4 MONATEN

fein püriert

Nach Schritt 7 30 g Kürbis beiseitestellen. In einem kleinen Topf mit Wasser 10 Minuten kochen. Abtropfen lassen und fein pürieren.

 Sie können den Brei mit Muttermilch, Säuglingsnahrung oder dem Kochwasser verdünnen.

AB 6 MONATEN

püriert

Nach Schritt 2 10 g Hähnchen und **nach Schritt 7** 200 g Kürbis plus 5 g Butter beiseitestellen. Kürbis und Hähnchen in einem kleinen Topf mit Wasser 10 Minuten kochen. Abtropfen lassen und fein pürieren.

AB 8 MONATEN

passiert

Nach Schritt 2 20 g Hähnchen und **nach Schritt 8** 200 g Kürbis plus 5 g Butter beiseitestellen. Hähnchen in einem kleinen Topf mit Wasser 10 Minuten kochen. Abtropfen lassen und hacken. Kürbis mit der Gabel zerdrücken.

 Die Butter können Sie auch durch Margarine oder Öl ersetzen.

AB 12 MONATEN

stückig

Nach Schritt 6 30 g Hähnchen, **nach Schritt 8** 150 g Kürbis und **nach Schritt 9** 50 g Reis plus 5 g Butter beiseitestellen. Hähnchen in Stücke schneiden.

 Noch leckerer wird es mit etwas Sauce aus der Pfanne!

REZEPTE

Putencurry mit Kokosmilch

 1 Std. 15 Min.   20 Min.

 4 Pers. Frühling Sommer

Zutaten

 600 g Putenfilet

 2 EL Kokosmilch

 2 Tomaten

 1,2 kg Zucchini

 1 TL mildes Currypulver

 70 g Rosinen

Außerdem

2 Zwiebeln
2 Knoblauchzehen
½ Bund Koriandergrün
Pflanzenöl
20 g Butter
Salz und Pfeffer

1. Putenfilets in große Stücke schneiden.
2. Zwiebeln und Knoblauch schälen, vom Keim befreien und fein hacken. Tomaten häuten, Kerne entfernen und fein würfeln. Zucchini schälen, Kerne entfernen und grob hacken. Koriandergrün waschen und hacken.
3. Etwas Öl und die Butter in einem Topf erhitzen. Zwiebeln darin anschwitzen, dann das Fleisch dazugeben und 5 Minuten anbräunen.
4. Tomaten dazugeben. Umrühren und 10 Minuten mitdünsten.
5. Currypulver dazugeben. Umrühren und weitere 5 Minuten dünsten.
6. Kokosmilch zugießen und 20–30 Minuten einkochen lassen.
7. Etwas Öl in eine Pfanne geben und die Zucchini bei mittlerer Hitze 15–20 Minuten dünsten.
8. Nach 10 Minuten Knoblauch, Rosinen und Koriandergrün dazugeben. 4 Minuten mitdünsten.
9. Mit dem Putencurry servieren und auf dem Teller würzen.

 Nach Belieben mit Reis servieren.

HAUPTGERICHTE

Für das Baby

AB 4 MONATEN

fein püriert

Nach Schritt 7 30 g Zucchini beiseitestellen.
Glatt pürieren.

 Für einen glatteren Brei können Sie Muttermilch oder Säuglingsnahrung dazugeben. Etwas mehr Konsistenz bekommt er mit ein wenig Kartoffel.

AB 6 MONATEN

püriert

Nach Schritt 5 10 g Pute und **nach Schritt 7** 200 g Zucchini plus 5 g Fett beiseitestellen.
Zucchini fein pürieren.
Fett dazugeben und unterrühren.
Fleisch fein pürieren.

AB 8 MONATEN

passiert

Nach Schritt 5 20 g Pute und **nach Schritt 8** 200 g Zucchini plus 5 g Fett beiseitestellen.
Zucchini nicht allzu fein pürieren.
Fett dazugeben und unterrühren.
Fleisch grob hacken.

AB 12 MONATEN

stückig

Nach Schritt 6 30 g Pute und **nach Schritt 8** 150 g Zucchini plus 5 g Fett beiseitestellen.
Fett unter die Zucchini rühren.
Fleisch klein schneiden und alles mit Currysauce übergießen.

REZEPTE

Putenschnitzel mit Crème fraîche und Steckrüben

 35 Min.   15 Min.

6 Pers.   Herbst Winter

Zutaten

| 4 Putenschnitzel | 600 g Steckrüben | 1 Bund krause Petersilie | 1 Zwiebel | 350 g Crème fraîche (pasteurisiert) | Saft von 1 Zitrone |

Außerdem
Olivenöl

1. Petersilie waschen und hacken. Zwiebeln schälen und fein hacken. Rüben schälen, waschen und vierteln.

2. Zwiebel in einer Pfanne mit etwas Öl anschwitzen. Rüben dazugeben und in 12 Minuten weich dünsten.

3. Mit Petersilie bestreuen.

4. Crème fraîche und Zitronensaft in einer Schüssel verrühren.

5. Etwas Öl in eine Pfanne geben und die Schnitzel 10 Minuten anbraten, bis sie auf beiden Seiten goldbraun sind.

6. Pfanne entfetten und die Crème fraîche hineingeben. 5 Minuten einkochen lassen, bis die Sauce sämig ist.

7. Schnitzel mit Sauce und den Rüben servieren.

Dazu passen auch gut Champignons.
Sie können die Pfanne mit etwas Weißwein ablöschen, nachdem Sie die Portion für das Baby entnommen haben.

HAUPTGERICHTE

Für das Baby

AB 4 MONATEN

fein püriert

Nach Schritt 2 30 g Steckrüben beiseitestellen.
Glatt pürieren.

 Für einen glatteren Brei können Sie Muttermilch oder Säuglingsnahrung dazugeben.

AB 6 MONATEN

püriert

Nach Schritt 3 200 g Steckrüben, **nach Schritt 5** 10 g Pute und **nach Schritt 6** 10 g Sauce beiseitestellen.
Steckrüben glatt pürieren.
Fleisch mit der Sauce pürieren.

AB 8 MONATEN

passiert

Nach Schritt 3 200 g Steckrüben, **nach Schritt 5** 20 g Pute und **nach Schritt 6** 10 g Sauce beiseitestellen.
Steckrüben durch die Gemüsemühle mit einem mittelfeinen Bodensieb passieren. Fleisch fein hacken und mit der Sauce mischen.

AB 12 MONATEN

stückig

Nach Schritt 3 150 g Steckrüben, **nach Schritt 5** 30 g Pute und **nach Schritt 6** 10 g Sauce beiseitestellen. Alles in kleine Stücke schneiden und das Fleisch mit der Sauce mischen.

REZEPTE

Entenbrust mit Feigen

 35 Min.
 25 Min.
 4 Pers.
 Sommer Herbst

Zutaten

2 Entenbrüste | 8 frische Feigen | 1,2 kg Kartoffeln | 1 Bund Schnittlauch | 100 g Butter | 2 EL Honig

Außerdem

500 ml Vollmilch
einige Zweige Rosmarin
Salz und Pfeffer

1. Kartoffeln schälen und grob wüfeln. Schnittlauch waschen und in Röllchen schneiden.

2. Kartoffeln in einem kleinen Topf in 500 ml Wasser und der Milch 25 Minuten kochen.

3. Abtropfen lassen und mit Butter und Schnittlauch mit der Gabel zerdrücken.

4. Feigen waschen und kreuzweise einschneiden, dabei die Basis nicht durchschneiden.

5. Entenbrüste parieren, Fettschicht mit einem Messer einritzen.

6. Entenbrüste mit der Hautseite nach unten in eine heiße Pfanne ohne Fett legen. Bei mittlerer Hitze 2 Minuten anbraten, bis das Fett ausgelassen und die Haut braun ist. Wenden und 2 Minuten von der anderen Seite braten.

7. Entenbrüste und Feigen in einer Auflaufform verteilen. Mit Honig übergießen und mit Rosmarin bestreuen. Im vorgeheizten Ofen bei 210 °C in 7 Minuten (rosa) bzw. in 10 Minuten (medium) braten. 5 Minuten auf einem Schneidbrett ruhen lassen.

8. Fleisch in dünne Scheiben schneiden. Entenbrust und Feigen auf Teller verteilen und mit dem Püree servieren. Direkt vor dem Servieren mit Bratensaft übergießen. Auf dem Teller würzen.

HAUPTGERICHTE

Für das Baby

AB 4 MONATEN

fein püriert

Nach Schritt 2 30 g Kartoffeln beiseitestellen. In der Gemüsemühle mit feinem Bodensieb zu einem glatten Püriee verarbeiten.

 Verdünnen können Sie das Püree mit Muttermilch oder Säuglingsnahrung.

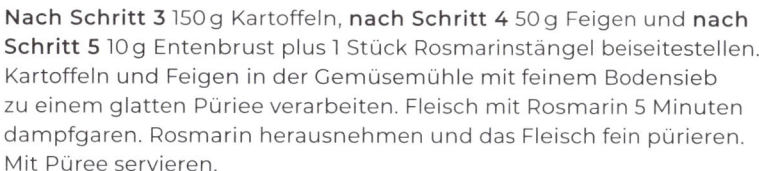

AB 6 MONATEN

püriert

Nach Schritt 3 150 g Kartoffeln, **nach Schritt 4** 50 g Feigen und **nach Schritt 5** 10 g Entenbrust plus 1 Stück Rosmarinstängel beiseitestellen. Kartoffeln und Feigen in der Gemüsemühle mit feinem Bodensieb zu einem glatten Püree verarbeiten. Fleisch mit Rosmarin 5 Minuten dampfgaren. Rosmarin herausnehmen und das Fleisch fein pürieren. Mit Püree servieren.

 Verdünnen können Sie das Püree mit Muttermilch, Säuglingsnahrung oder Vollmilch. Eine Fettzugabe ist nicht nötig, da das Kartoffel-Feigen-Püree bereits welches enthält.

AB 8 MONATEN

passiert

Nach Schritt 3 150 g Kartoffeln, **nach Schritt 4** 50 g Feigen und **nach Schritt 5** 20 g Entenbrust plus 1 Stück Rosmarinstängel beiseitestellen. Fleisch mit Rosmarin dampfgaren.
Rosmarin herausnehmen und das Fleisch fein hacken.
Mit Kartoffeln und Feigen servieren.

AB 12 MONATEN

stückig

Nach Schritt 3 100 g Kartoffeln und **nach Schritt 7** 50 g Feigen und 30 g Entenbrust beiseitestellen.
Entenbrust klein schneiden.

Hackfleisch-Kartoffelpüree-Auflauf

 45 Min.   25 Min.

 6-8 Pers.   Herbst Winter

Zutaten

 1,5 kg Süßkartoffeln

 600 g Entenconfit

 500 ml Milch

 200 g passierte Tomaten

 2 Zwiebeln

1 Zehe Knoblauch

Außerdem

6 Stängel Petersilie
60 g Butter
Paniermehl
Salz und Pfeffer

1. Fleisch hacken.
2. Süßkartoffeln schälen und waschen. In Stücke schneiden und 20 Minuten in einem Topf mit der Milch und 500 ml Wasser kochen.
3. Süßkartoffeln durch die Gemüsemühle passieren.
4. Zwiebeln und Knoblauch schälen, vom Keim befreien und hacken. Mit dem Fleisch und der Butter andünsten. Passierte Tomaten dazugeben.
5. Petersilie waschen, fein hacken und zum Fleisch geben.
6. Die Hälfte des Pürees auf dem Boden einer Auflaufform geben, das Fleisch darauf verteilen und mit einer weiteren Schicht Püree bedecken.
7. Mit Paniermehl bestreuen und im vorgeheizten Ofen 15 Minuten bei 180 °C gratinieren. Auf dem Teller würzen.

Dieses Gericht eignet sich ideal zum Verbrauchen von Fleischresten – Sie können auch problemlos übrig gebliebenes Hähnchenfleisch oder Roastbeef verwenden. Servieren Sie dazu einen grünen Salat mit einer pikanten Vinaigrette.

HAUPTGERICHTE

Für das Baby

AB 4 MONATEN
fein püriert

Nach Schritt 3 30 g Süßkartoffelpüree beiseitestellen.

 Verdünnen können Sie das Püree mit Muttermilch oder Säuglingsnahrung.

AB 6 MONATEN
püriert

Nach Schritt 3 200 g Süßkartoffelpüree und **nach Schritt 4** 10 g Fleisch plus 5 g Fett beiseitestellen.
Fleisch pürieren und das Fett unter das Püree rühren.

AB 8 MONATEN
passiert

Nach Schritt 3 200 g Süßkartoffelpüree und **nach Schritt 4** 20 g Fleisch plus 5 g Fett beiseitestellen.
Fleisch hacken und das Fett unter das Püree rühren.

 Sie können die Süßkartoffeln auch mit der Gabel zerdrücken.

AB 12 MONATEN
stückig

120 g Auflauf servieren.

REZEPTE

Kaninchenpäckchen mit Zucchini und Pesto

 30 Min. 25 Min. (+ 1 Std.)

 4 Pers. Frühling Sommer

Zutaten

 600 g Kaninchenfilets (Rücken, ohne Knochen)

 2 gelbe Zucchini

 1 grüne Zucchini

 20 Blätter Basilikum

 80 g Pinienkerne

 60 g Parmesan, gerieben

Außerdem

2 Knoblauchzehen
2 EL Olivenöl
2 Zweige Rosmarin
2 EL Pistazienöl
Salz und Pfeffer

1. Knoblauch schälen, vom Keim befreien. Die Filets 1 Stunde im Olivenöl mit Rosmarin und Knoblauch marinieren.

2. Knoblauch herausnehmen und mit Basilikum, Pinienkernen, Pistazienöl und geriebenem Parmesan im Mixer pürieren.

3. Zucchini waschen und in dünne Scheiben schneiden.

4. 4 Blatt Backpapier abschneiden und die Filets darauf verteilen. Mit Pesto bestreichen und in das Papier einschlagen.

5. Pesto auf dem Boden einer Auflaufform verteilen, gelbe und grüne Zucchinischeiben abwechselnd darauf verteilen. Mit Pesto bestreichen.

6. Papilloten und Zucchini gleichzeitig im vorgeheizten Ofen 30 Minuten bei 180 °C backen.

7. Zucchini salzen und pfeffern, Papilloten beim Öffnen würzen.

 Öffnen Sie die Papilloten vor dem Servieren, damit sich niemand am heißen Dampf verbrüht.
Sie können die Zucchini vor dem Garen auch mit Parmesan bestreuen.

HAUPTGERICHTE

Für das Baby

AB 4 MONATEN

fein püriert

Vor Schritt 3 30 g Zucchini beiseitestellen.
In einem kleinen Topf mit Wasser 10 Minuten kochen.
Fein pürieren.

 Schälen und entkernen Sie die Zucchini, um ein Verschlucken zu vermeiden. Die Schale ist härter als das Fleisch und schwierig zu pürieren.

AB 6 MONATEN

püriert

Nach Schritt 6 10 g Kaninchen und 200 g Zucchini beiseitestellen.
Zucchini mit dem Pesto pürieren.
Fleisch fein pürieren.

AB 8 MONATEN

passiert

Nach Schritt 6 20 g Kaninchen und 200 g Zucchini beiseitestellen.
Zucchini mit Pesto mit der Gabel zerdrücken, Fleisch hacken.

AB 12 MONATEN

stückig

Nach Schritt 6 30 g Kaninchen und 120 g Zucchini beiseitestellen.
Zucchini klein schneiden, falls die Scheiben zu groß sind.
Fleisch klein schneiden.

REZEPTE

Lasagne mit Rind, Brocciu und Spinat

 45 Min.
 25 Min.
 4 Pers.
☀ Herbst

Zutaten

8 Platten
frische Lasagne

500 g
Rinderhackfleisch

400 g
Brocciu (korsischer Käse)

400 g
frischer Spinat

800 g
passierte Tomaten

150 g
Comté (pasteurisiert), gerieben

Außerdem

Olivenöl
2 Knoblauchzehen
1 große Zwiebel
2 EL Tomatenmark
1 kleines Bund Basilikum
Béchamelsauce
150 g Crème fraîche (pasteurisiert)
Salz und Piment d'Espelette (baskische Chilisorte)

1 Spinat 3 Minuten in einer heißen Pfanne mit etwas Öl andünsten. Abtropfen lassen und das Wasser ausdrücken. Hacken und beiseitestellen.

2 Knoblauch schälen, vom Keim befreien und mit der Zwiebel fein hacken. In der Pfanne mit etwas Öl andünsten. Wenn sie leicht goldbraun sind, das Hackfleisch dazugeben. Tomatenmark dazugeben und alles 1–2 Minuten braten.

3 Basilikum waschen und hacken. In die Pfanne geben und umrühren. Passierte Tomaten zugießen und bei schwacher Hitze 20 Minuten köcheln lassen.

4 Béchamelsauce erhitzen, Crème fraîche und die Hälfte des geriebenen Comté dazugeben.

5 Brocciu in einer Schüssel zerdrücken und Spinat dazugeben. Gut verrühren, die Tomatensauce zugießen und erneut mischen.

6 Den Boden einer Auflaufform buttern und 1 Schicht Spinat, dann 1 Lasagneplatte und etwas Béchamelsauce darauf verteilen. So fortfahren, bis alle Zutaten verbraucht sind. Zum Schluss mit dem restlichen geriebenen Comté bestreuen.

7 15–20 Minuten im vorgeheizten Ofen bei 200 °C backen. Auf dem Teller mit Salz und Piment d'Espelette würzen.

HAUPTGERICHTE

Für das Baby

AB 4 MONATEN

fein püriert

Nach Schritt 1 30–40 g Spinat beiseitestellen.
Fein pürieren.

 Etwas Mineralwasser, Muttermilch oder Säuglingsnahrung erleichtert das Pürieren.

AB 6 MONATEN

püriert

Nach Schritt 1 200 g Spinat und **nach Schritt 3** 10 g Hackfleisch plus 5 g Butter beiseitestellen.
Spinat fein pürieren. Zum leichteren Pürieren etwas Mineralwasser, Muttermilch oder Säuglingsnahrung dazugeben, dann die Butter unterrühren.
Fleisch pürieren.

AB 8 MONATEN

passiert

Nach Schritt 1 160 g Spinat, **nach Schritt 3** 20 g Hackfleisch und **nach Schritt 7** 40 g gegarte Lasagneplatten plus 5 g Butter beiseitestellen.
Spinat fein pürieren. Zum leichteren Pürieren etwas Mineralwasser, Muttermilch oder Säuglingsnahrung dazugeben, dann die Butter unterrühren. Nudelplatten sehr klein schneiden und unterrühren.

 Die Butter lässt sich durch Margarine oder Öl ersetzen. Sie können Ihrem Kind auch etwas Comté anbieten.

AB 12 MONATEN

stückig

120–150 g Lasagne plus 5 g Butter servieren.

 Dieses Gericht kann Ihr Baby schon wie die Großen essen!

REZEPTE

Cannelloni mit Rind und Champignons

 55 Min. 25 Min.

 4 Pers. Herbst Winter

Zutaten

 250 g Cannelloni

 350 g Rinder-hackfleisch

 400 g Champignons

 300 g stückige Tomaten (Dose)

 100 g passierte Tomaten

 125 g Comté (pasteurisiert), gerieben

Außerdem

½ Bund Petersilie
1 Zwiebel
1 Knoblauchzehe
Olivenöl
1 Ei
1 TL Zucker
Salz und Pfeffer

1. Petersilie waschen und hacken. Zwiebel und Knoblauch schälen, hacken und mit etwas Öl in der Pfanne andünsten.

2. Champignons säubern und sehr klein schneiden.

3. 5 Minuten in der Pfanne mitdünsten.

4. Fleisch und Ei in einer Schüssel vermengen. In die Pfanne geben und 10 Minuten unter gelegentlichem Rühren braten.

5. Gesamte Tomaten, Zucker und Petersilie in einer Schüssel mischen. Den Boden einer Auflaufform mit der Sauce bedecken.

6. Fleisch abtropfen lassen. Die Cannelloni damit füllen, in die Auflaufform legen und mit restlicher Sauce bedecken. Mit geriebenem Comté bestreuen. Im vorgeheizten Ofen 35 Minuten bei 180 °C backen.

7. Servieren und auf dem Teller salzen und pfeffern.

HAUPTGERICHTE

Für das Baby

AB 4 MONATEN

fein püriert

Nach Schritt 2 30 g Champignons beiseitestellen.
10 Minuten in einem Topf Wasser kochen.
Fein pürieren.

 Damit der Brei glatter wird, können Sie etwas Muttermilch oder Säuglingsnahrung dazugeben.

püriert

Nach Schritt 2 200 g Champignons und **nach Schritt 4** 10 g gares Fleisch plus 5 g Fett beiseitestellen.
Die Champignons 10 Minuten in einem Topf Wasser kochen. Mit dem Fett glatt pürieren. Fleisch pürieren und unter den Brei rühren.

AB 8 MONATEN

passiert

Nach Schritt 2 150 g Champignons und **nach Schritt 4** 20 g gares Fleisch plus 50 g ungekochte Cannelloni und 5 g Fett beiseitestellen.
Die Champignons 10 Minuten in einem Topf Wasser kochen. Mit dem Fett glatt pürieren.
Die Cannelloni 10 Minuten kochen und in kleine Stücke schneiden.
Fleisch hacken und alles vermengen.

AB 12 MONATEN

stückig

120 g Cannelloni klein schneiden und servieren.

REZEPTE

Spaghetti bolognese

 45 Min.   25 Min.

 4 Pers.   ganzjährig

Zutaten

 250 g Spaghetti

 500 g Rinderhackfleisch

 800 g Tomaten

 140 g Tomatenmark

 1 weiße Zwiebel

 3 Zehen Knoblauch

Außerdem

3 EL Olivenöl
2 Zweige Thymian
40 g Honig

1. Knoblauch schälen, vom Keim befreien und mit der Zwiebel fein hacken. Tomaten häuten, Kerne entfernen und fein würfeln.

2. Etwas Öl in eine Schmorpfanne geben. Zwiebel, Knoblauch und Thymian 5 Minuten bei schwacher Hitze dünsten.

3. Hackfleisch dazugeben und Hitze erhöhen. Mischung braten, bis sie schön braun ist, dabei gelegentlich umrühren, damit sie nicht ansetzt.

4. Tomatenwürfel, Tomatenmark und Honig dazugeben. Mit Wasser aufgießen, bis alles bedeckt ist, zum Kochen bringen und 35 Minuten einkochen lassen.

5. Inzwischen die Spaghetti in reichlich Wasser al dente kochen. Abtropfen lassen.

6. Spaghetti in eine Schüssel füllen und mit Sauce vermengen.

 Sie können die Sauce würzen, nachdem Sie die Babyportion entnommen haben.
Schmecken Sie die Spaghetti mit Comté oder einem hochwertigen Parmesan ab.
Sie können auch stückige Tomaten aus der Dose verwenden.

HAUPTGERICHTE

Für das Baby

AB 4 MONATEN

fein püriert

Nach Schritt 1 30 g Tomate beiseitestellen.
2 Minuten erhitzen, dann fein pürieren und lauwarm servieren.

 Sie können den Tomatenbrei auch kalt servieren.

AB 6 MONATEN

püriert

Nach Schritt 1 60 g Tomate plus 5 g Fett beiseitestellen.
Tomate 2 Minuten erhitzen, pürieren und Fett unterrühren.

 Diese Mahlzeit ist eher als Kostprobe gedacht.

AB 8 MONATEN

passiert

Nach Schritt 3 20 g Hackfleisch, **nach Schritt 4** 40 g Sauce und **nach Schritt 5** 60 g Spaghetti plus 5 g Fett beiseitestellen. Die Nudeln klein schneiden.

 Wenn Ihr Baby nicht satt wird, geben Sie ihm mehr Nudeln und Sauce.

AB 12 MONATEN

stückig

Nach Schritt 3 30 g Hackfleisch, **nach Schritt 4** 60 g Sauce und **nach Schritt 5** 90 g Spaghetti plus 5 g Fett beiseitestellen. Die Nudeln klein schneiden.

 Wenn Ihr Baby noch Hunger hat, spricht nichts gegen einen Nachschlag.

Hamburger mit Süßkartoffelfritten

 35 Min. 25 Min.

 4 Pers. Sommer

Zutaten

| 4 Burgerbrötchen | 600 g Rinderhackfleisch | 4 große Süßkartoffeln | 1 Ochsenherztomate | 8 Scheiben Räucherspeck | 200 g Comté (pasteurisiert, gerieben) |

Außerdem

½ Bund Petersilie
1 weiße Zwiebel
1 Knoblauchzehe
Pflanzenöl
1 rote Zwiebel
scharfer Senf
Ketchup
1 Tropfen Whisky
Salat

1. Süßkartoffeln schälen, in Stifte schneiden und waschen. 10–15 Minuten bei 180 °C in der Fritteuse goldbraun frittieren.

2. Petersilie hacken. Weiße Zwiebel und Knoblauch schälen und fein hacken. Alles mit etwas Öl in der Pfanne andünsten.

3. Rote Zwiebel schälen und in dünne Scheiben schneiden, ebenso die Tomate.

4. In einer Schüssel das Fleisch mit dem Pfanneninhalt vermengen. 4 Patties formen.

5. Eine Pfanne stark erhitzen und die Speckstreifen von jeder Seite 30 Sekunden braten. Beiseitestellen. Etwas Öl in dieselbe Pfanne geben und die Patties je nach Geschmack 3–10 Minuten braten.

6. Senf und Ketchup in einer kleinen Schüssel mit dem Whisky verrühren.

7. Brötchen aufschneiden und unter dem Ofengrill rösten.

8. Unterteil der Brötchen mit Sauce bestreichen. 1 Salatblatt, 1 Tomatenscheibe, 1 Patty, geriebenen Comté, 1 Zwiebelscheibe und 1 Scheibe Räucherspeck darauflegen. 3–5 Minuten unter den Grill legen, damit der Käse schmilzt und das Fleisch wieder heiß wird. Mit den Fritten und dem restlichen Gemüse servieren.

HAUPTGERICHTE

Für das Baby

AB 4 MONATEN
fein püriert

Nach Schritt 1 30 g Süßkartoffeln beiseitestellen.
20 Minuten in Wasser kochen.
In der Gemüsemühle zu einem glatten Brei verarbeiten.

 Damit der Brei glatter wird, können Sie etwas Muttermilch oder Säuglingsnahrung dazugeben.

AB 6 MONATEN
püriert

Nach Schritt 1 100 g Süßkartoffeln, **nach Schritt 6** 10 g gares Fleisch plus 100 g Salat und 5 g Fett beiseitestellen.
Die Süßkartoffeln 20 Minuten in einem Topf mit Wasser kochen. Salat in kochendem Wasser blanchieren.
Süßkartoffeln und Salat glatt pürieren. Fett dazugeben und unterrühren. Mit dem Fleisch servieren.

AB 8 MONATEN
passiert

Nach Schritt 1 100 g Süßkartoffeln, **nach Schritt 6** 20 g gares Fleisch plus 100 g Salat und 5 g Fett beiseitestellen. Die Süßkartoffeln 20 Minuten in einem Topf mit Wasser kochen. Salat in kochendem Wasser blanchieren.
Süßkartoffeln und Salat glatt pürieren. Fett dazugeben und unterrühren. Mit dem Fleisch servieren.

AB 12 MONATEN
stückig

Nach Schritt 1 120 g Süßkartoffeln und die Zutaten für einen Miniburger (ohne Speck und rohe Zwiebel) beiseitestellen. Die Süßkartoffeln 20 Minuten in einem Topf mit Wasser kochen und pürieren. Dem Kleinkind alle Zutaten bis auf die Whiskysauce anbieten.

 Ihr Baby darf die Süßkartoffelfritten ruhig probieren, aber es sollte eine Ausnahme bleiben.

REZEPTE

Bœuf bourguignon

 2 Std. 15 Min.   30 Min.

 6-8 Pers.   Winter

Zutaten

 **1 kg** Rinderbäckchen in Stücken

 **600 g** Kartoffeln

 **300 ml** Rotwein

 **100 g** Speckwürfel

8 Möhren

 **2 + 2** Zwiebel/, Knoblauchzehen

Außerdem

Olivenöl
50 g Tomatenmark
Thymian und Lorbeer
Salz und Pfeffer

1. Möhren schälen, waschen und in Scheiben schneiden. Zwiebeln und Knoblauch schälen und fein hacken.

2. In einem Schmortopf etwas Öl erhitzen. Fleischstücke hineingeben und 3 Minuten von jeder Seite anbraten.

3. Zwiebeln, Knoblauch und Möhren dazugeben. Alles mischen und 5–8 Minuten dünsten. Tomatenmark, Thymian und Lorbeer dazugeben. Umrühren und 5 Minuten weiterdünsten.

4. Rotwein zugießen und einkochen lassen, bis er vollständig verdampft ist. Wasser zugießen, bis das Fleisch bedeckt ist.

5. Aufkochen lassen, Deckel aufsetzen und 2 Stunden köcheln lassen. Gelegentlich umrühren, damit nichts ansetzt.

6. Inzwischen die Kartoffeln schälen, waschen und 20 Minuten dampfgaren.

7. Speckwürfel ohne Fett in einer Pfanne goldbraun braten. Abtropfen lassen. In den Schmortopf geben und mitköcheln lassen.

8. Fleisch mit Kartoffeln servieren und auf dem Teller salzen und pfeffern.

HAUPTGERICHTE

Für das Baby

AB 4 MONATEN
fein püriert

Nach Schritt 1 30 g Möhren beiseitestellen.
15–20 Minuten dampfgaren. Fein pürieren.

 Sie können auch gelbe Möhren verwenden, die aromatischer sind als die klassischen Möhren.

AB 6 MONATEN
püriert

Nach Schritt 1 200 g Möhren und **nach Schritt 3** 10 g Rinderbäckchen plus 5 g Fett beiseitestellen.
Möhren und Fleisch 15–20 Minuten dampfgaren.
Zusammen fein pürieren und Fett unterrühren.

AB 8 MONATEN
passiert

Nach Schritt 1 100 g Möhren, **nach Schritt 3** 20 g Rinderwange und **nach Schritt 6** 100 g Kartoffeln plus 5 g Fett beiseitestellen.
Möhren und Fleisch 15–20 Minuten dampfgaren.
Möhren und Kartoffeln durch die Gemüsemühle passieren. Fleisch hacken.

 Sie können Möhren und Kartoffeln auch mit der Gabel zerdrücken.

AB 12 MONATEN
stückig

Nach Schritt 5 30 g Rinderbäckchen und **nach Schritt 6** 60 g Möhre und 60 g Kartoffeln plus 5 g Fett beiseitestellen.
Kartoffeln und Fleisch klein schneiden und mit den Möhren servieren.

 Der Alkohol in diesem Gericht verdampft dank der langen Garzeit vollständig. Im fertigen Gericht ist daher kaum noch Wein enthalten. Aus physiologischer Sicht spricht daher nichts dagegen, es auch Kleinkindern zu servieren. Falls Sie trotzdem Bedenken haben, warten Sie mit dem Bœuf bourguignon, bis das Kind 3 Jahre alt ist.

REZEPTE

Oma Pascales Eintopf

 2 Std. 45 Min.   30 Min.

 4 Pers.   Herbst Winter

Zutaten

4
Markknochen

1 kg
Rindfleisch
(Schulter, Bäckchen)

4
Lauchstangen
(weiße Teile)

3 + 3
Möhren,
Speiserüben

6
fest kochende
Kartoffeln

Außerdem

1 Zwiebel
Olivenöl
1 Gewürznelke
1 Knoblauchknolle
1 Kräutersträußchen
Salz und Pfeffer

1. Markknochen so zusammenschnüren, dass sie beim Kochen nicht auslaufen.
2. Möhren schälen und dritteln. Rüben und Kartoffeln schälen und vierteln.
3. Zwiebel schälen und halbieren. Schnittfläche in einer heißen Pfanne mit etwas Öl bräunen. Gewürznelke hineinstecken.
4. Knoblauchknolle waagerecht halbieren.
5. Fleisch in einen Schmortopf geben, mit Wasser bedecken und zum Kochen bringen. Abschäumen und simmern lassen.
6. Zwiebel, Knoblauchknolle und Kräutersträußchen dazugeben. 1 Stunde kochen lassen. So kann die Brühe die Aromen von Fleisch und Gewürzen aufnehmen.
7. Möhren, Rüben und Lauch dazugeben, dann die Markknochen in den Topf geben und erneut 1 Stunde köcheln lassen.
8. Zum Schluss die Kartoffeln dazugeben und 30 Minuten weiterköcheln lassen. Auf dem Teller salzen und pfeffern.

Je länger die Garzeit, desto aromatischer wird die Brühe. Bereiten Sie dieses Gericht möglichst schon am Vortag zu. Wer es gern pikant mag, kann eine Schüssel Brühe beiseitestellen und etwas Harissa hineinrühren.

HAUPTGERICHTE

Für das Baby

AB 4 MONATEN
fein püriert

Nach Schritt 7 30 g Speiserüben beiseitestellen. Glatt pürieren. Falls erforderlich, mit etwas Kochwasser verdünnen.

 Damit der Brei glatter wird, können Sie etwas Muttermilch oder Säuglingsnahrung dazugeben.

AB 6 MONATEN
püriert

Nach Schritt 8 10 g Fleisch, 100 g Speiserüben und 100 g Lauch plus 5 g Fett beiseitestellen.
Gemüse glatt pürieren.
Falls erforderliche, den Brei mit etwas Kochwasser verdünnen, dann das Fett unterrühren. Fleisch mit etwas Brühe pürieren, damit es nicht zu trocken ist.

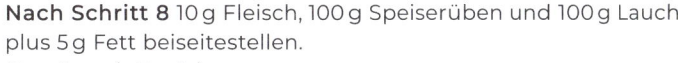

AB 8 MONATEN
passiert

Nach Schritt 8 20 g Fleisch, 100 g Speiserüben, 50 g Lauch und 50 g Möhren plus 5 g Fett beiseitestellen.
Gemüse durch die Gemüsemühle mit mittelfeinem Bodensieb passieren. Falls erforderlich, den Brei mit etwas Kochwasser verdünnen, dann das Fett unterrühren. Fleisch mit etwas Brühe hacken, damit es nicht zu trocken ist.

AB 12 MONATEN
stückig

Nach Schritt 8 30 g Fleisch und 150 g gemischtes Gemüse plus 5 g Fett beiseitestellen. Das Fett unter das Gemüse mischen und das Fleisch klein schneiden.

 Bieten Sie Ihrem Kind ruhig auch einen Markknochen an.

REZEPTE

Chili con Carne

 2 Std. 45 Min.   25 Min.

 4 Pers.   Herbst Winter

Zutaten

 400 g Rinderhackfleisch

 400 g Kidneybohnen aus der Dose (mit Flüssigkeit)

 400 g geschälte Tomaten aus der Dose (mit Saft)

 250 g Mais

 2 große Zwiebeln

 200 g Reis

Außerdem

Olivenöl
5 EL frische Oreganoblättchen
2 EL edelsüßes Paprikapulver
2 TL Kreuzkümmel
2 TL Koriander
1 Knoblauchzehe
Salz und Pfeffer

1. Zwiebeln schälen und fein hacken. In einem großen Topf in etwas Öl andünsten. Oregano und Gewürze dazugeben und umrühren.

2. Hackfleisch in den Topf geben und unter gelegentlichem Rühren 5 Minuten goldbraun anbraten.

3. Knoblauch schälen, vom Keim befreien, zerdrücken und zum Fleisch geben. 10 Minuten mitbraten.

4. Tomaten mit Saft dazugeben und 35–40 Minuten bei schwacher Hitze unter häufigem Rühren kochen lassen.

5. Kidneybohnen mit Flüssigkeit in den Topf geben und 45 Minuten bei sehr schwacher Hitze weiterkochen.

6. Mais abtropfen lassen und waschen.

7. Zum Chili geben und noch mindestens 1 Stunde köcheln.

8. 15 Minuten vor Ende der Garzeit den Reis nach Packungsanleitung kochen. Zum Chili servieren, auf dem Teller salzen und pfeffern.

Je länger die Garzeit, desto besser schmeckt das Chili. Bereiten Sie dieses Gericht möglichst schon am Vortag zu. Wer es gern pikant mag, schöpft gegen Mitte der Garzeit etwas Flüssigkeit aus dem Topf und rührt etwas Cayennepfeffer hinein. Feuer frei!

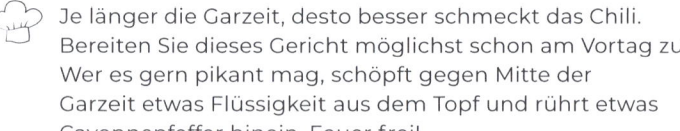

HAUPTGERICHTE

Für das Baby

AB 4 MONATEN

fein püriert

Nach Schritt 6 30 g Mais beiseitestellen. In einem Topf mit kochendem Wasser 3–4 Minuten erhitzen (er ist schon gegart). Pürieren und durch ein feines Sieb streichen.

 Damit der Brei glatter wird, können Sie etwas Kochwasser dazugeben.

AB 6 MONATEN

püriert

Nach Schritt 2 10 g Hackfleisch und **nach Schritt 6** 200 g Mais plus 5 g Fett beiseitestellen.
Den Mais einem Topf mit kochendem Wasser 3–4 Minuten erhitzen. Mais und Fleisch glatt pürieren. Zum Verdünnen etwas Kochwasser unterrühren, dann das Fett.

AB 8 MONATEN

passiert

Nach Schritt 2 20 g Hackfleisch, **nach Schritt 6** 150 g Mais und **nach Schritt 8** 50 g gekochten Reis plus 5 g Fett beiseitestellen.
Den Mais einem Topf mit kochendem Wasser 3–4 Minuten erhitzen. Glatt pürieren. Zum Verdünnen etwas Kochwasser unterrühren, dann das Fett. Mit dem Fleisch mischen und den Reis dazugeben.

AB 15 MONATEN

stückig

100 g Chili mit 30–40 g Reis plus 5 g Fett servieren. Fett unter den Reis mischen. Chili extra servieren.

 Hülsenfrüchte wie Kidneybohnen werden erst ab 15 Monaten eingeführt. Da sie sehr ballaststoffreich sind, können sie sonst bei Ihrem Kind Verdauungsstörungen hervorrufen, da sein Verdauungssystem noch nicht ausgereift ist.

REZEPTE

China-Fleischbällchen mit Glasnudeln

 35 Min.

 25 Min.

4 Pers.

Herbst Winter

Zutaten

 200 g Glasnudeln

 300 g Rinderhackfleisch

 ½ Bund Koriandergrün

 ½ Bund Petersilie

 50 g grüne Oliven, entsteint

 100 g Shiitake

Außerdem

1 Knoblauchzehe
1 TL Kreuzkümmel
40 g Mehl
Olivenöl
Saft von ½ Zitrone
100 g Butter
3 EL Sojasauce
Salz und Pfeffer

1. Glasnudeln einige Minuten in kochendem Wasser einweichen.

2. 50 g gare Glasnudeln im Mixer zu einer Paste verarbeiten.

3. Kräuter waschen und hacken. Knoblauch schälen und hacken. In einer Schüssel das Hackfleisch mit der Hälfte von Knoblauch und gehackten Kräutern vermengen. Pürierte Nudeln und Kreuzkümmel dazugeben. Bällchen formen, in Mehl wälzen.

4. Fleischbällchen in einer Pfanne mit etwas Öl 10 Minuten anbraten. Zitronensaft dazugeben. Warm stellen.

5. Restliche Glasnudeln in einer Pfanne mit 1 Stück Butter anbraten. Restlichen Knoblauch und übrige gehackte Kräuter dazugeben. Geviertelte Oliven dazugeben, Sojasauce zugießen.

6. Gehackte Pilze 3 Minuten in der restlichen Butter braten.

7. Zu den Nudeln geben und alles vermengen. 20 Minuten mitgaren, bis sich die Aromen vermischt haben.

8. Mit den Fleischbällchen servieren und auf dem Teller salzen und pfeffern.

HAUPTGERICHTE

Für das Baby

AB 4 MONATEN

fein püriert

Nach Schritt 6 30 g Pilze beiseitestellen. Fein pürieren.

 Geben Sie etwas Muttermilch oder Säuglingsnahrung dazu, um den Brei zu verdünnen und das Pürieren zu erleichtern.

AB 6 MONATEN

püriert

Nach Schritt 7 10 g Fleischbällchen und 200 g Pilze plus 5 g Fett beiseitestellen. Die Pilze fein pürieren und das Fett unterrühren. Das Fleisch fein hacken.

 Geben Sie etwas Muttermilch oder Säuglingsnahrung dazu, um den Brei zu verdünnen und das Pürieren zu erleichtern. Statt Butter können Sie auch 4 g Traubenkernöl und 2 g Sesamöl verwenden.

AB 8 MONATEN

passiert

Nach Schritt 1 60 g Glasnudeln und **nach Schritt 7** 20 g Fleischbällchen und 140 g Pilze plus 5 g Fett beiseitestellen. Pilze pürieren und Fett unterrühren. Fleisch und Nudeln separat hacken.

 Geben Sie etwas Muttermilch oder Säuglingsnahrung dazu, um den Brei zu verdünnen und das Pürieren zu erleichtern.

AB 12 MONATEN

stückig

Nach Schritt 7 30 g Fleischbällchen und 120 g Nudel-Pilz-Mischung plus 5 g Fett beiseitestellen.
Fleisch und Nudeln klein schneiden, dann das Fett unterrühren.

REZEPTE

Gemüse mit Hackfleischfüllung

 1 Std. 15 Min.  25 Min.

 6 Pers.   Herbst Winter

Zutaten

| 6 kleine Zucchini | 6 kleine Auberginen | 6 kleine rote Paprikaschoten | 400 g Kalbshackfleisch | 150 g Ricotta | 300 g Reis |

Außerdem

6 Knoblauchzehen
Olivenöl
1 Bund Koriandergrün
Paniermehl
Salz und Pfeffer

1. Vom Gemüse die oberen Enden abschneiden und als Deckel beiseitelegen.

2. Zucchini und Auberginen aushöhlen. Fruchtfleisch in eine Schüssel geben.

3. Paprikaschoten von weißen Trennwänden und Kernen befreien. Knoblauch schälen, vom Keim befreien und hacken.

4. Etwas Öl in eine Pfanne geben und das Fruchtfleisch mit einem Viertel des Knoblauchs in 10–15 Minuten weich und goldbraun braten.

5. Koriandergrün waschen und hacken.

6. In einer Schüssel Fleisch mit Ricotta mischen. Restlichen Knoblauch, Koriandergrün und Fruchtfleisch dazugeben. Zu einer homogenen, saftigen Masse vermengen.

7. Ausgehöhltes Gemüse füllen. Mit Paniermehl bestreuen und mit etwas Öl begießen. Gefülltes Gemüse in eine geölte Auflaufform setzen.

8. Im vorgeheizten Ofen 1 Stunde bei 180 °C backen. Nach 45 Minuten die Deckel auf das Gemüse legen.

9. 15 Minuten vor Ende der Garzeit den Reis nach Packungsanleitung kochen.

10. Gemüse heiß mit dem Reis servieren. Salzen und pfeffern.

HAUPTGERICHTE

Für das Baby

AB 4 MONATEN

fein püriert

Nach Schritt 2 30 g Auberginenfleisch beiseitestellen. 20 Minuten dampfgaren, dann fein pürieren.

 Unter 6 Monaten braucht das Baby kein zusätzliches Fett, da die Milch, seine Hauptnahrung, reich an essenziellen Fettsäuren ist.

AB 6 MONATEN

püriert

Nach Schritt 4 200 g Auberginen- und Zucchinifleisch und **nach Schritt 6** 10 g Hackfleisch plus 5 g Fett beiseitestellen. Hackfleisch 8 Minuten nach Geschmack mit etwas Knoblauch und Koriandergrün 8 Minuten dampfgaren. Gemüse fein pürieren, Fett unterrühren.

AB 8 MONATEN

passiert

Nach Schritt 4 150 g Auberginen- und Zucchinifleisch, **nach Schritt 6** 20 g Hackfleisch und **nach Schritt 9** 50 g Reis plus 5 g Fett beiseitestellen. Hackfleisch 8 Minuten nach Geschmack mit etwas Knoblauch und Koriandergrün 8 Minuten dampfgaren. Gemüse passieren oder zerdrücken, Fett und Reis dazugeben. Alles vermengen.

 Wenn Ihr Baby den Reis noch nicht gut essen kann, warten Sie damit noch ein wenig.

AB 12 MONATEN

stückig

Nach Schritt 9 1 gefüllte Zucchini und 60 g Reis plus 5 g Fett servieren. Fett unter den Reis mischen und die gefüllte Zucchini klein schneiden.

 Geben Sie Ihrem Kind unter 3 Jahren keine Aubergine mit Haut, da sie selbst gegart zu schwierig zu essen ist. Wenn Sie ihm eine gefüllte Aubergine anbieten möchten, entfernen Sie erst die Haut.

REZEPTE

Oma Pascales Kalbfleischfrikassee

 2 Std.   35 Min.

 6–8 Pers.   Winter

Zutaten

| 500 g | 400 g | 5 | 250 g | 1 Stange | 2 l |
| Kalbfleisch (Schulter, Hals oder Brust) | Reis | Möhren | Champignons | Sellerie | Gemüsebrühe |

Außerdem

Thymian und Lorbeer
60 g Butter
50 g Mehl
500 g Schlagsahne (pasteurisiert)
1 Eigelb
1 Zitrone
1 kleines Bund Petersilie

1. Fleisch in kleine Stücke schneiden. 1,5 Liter Brühe in einem Topf zum Kochen bringen, Fleisch 10 Minuten darin kochen.

2. Brühe mit einem Schaumlöffel abschäumen und auf die Hälfte einkochen lassen. Thymian und Lorbeer dazugeben.

3. Mühren und Sellerie in kleine Stifte oder Scheiben schneiden.

4. In einem kleinen Topf 50 g Butter zerlassen und das Mehl dazugeben. Umrühren und anbraten, bis das Mehl aussieht wie Blumenkohl. Vom Herd nehmen, restliche kalte Brühe zugießen.

5. Mit dem Schneebesen kräftig verrühren. Topf wieder auf den Herd stellen und weiterrühren, bis die Sauce wieder kocht. Unter ständigem Rühren eindicken lassen.

6. Sahne in eine Schüssel gießen und mit dem Eigelb verrühren. Eingedickte Sauce unter Rühren mit den Schneebesen langsam auf die Sahne gießen. Zitronensaft unterrühren.

7. Gemüse und Sauce in den Topf geben. 1–2 Stunden köcheln lassen, bis die Sauce auf die Hälfte eingekocht ist.

8. Champignons säubern, klein hacken und in der restlichen Butter mit etwas Wasser andünsten.

9. Reis nach Packungsanleitung kochen.

10. Mit dem Frikassee servieren, alles mit Petersilie bestreuen.

HAUPTGERICHTE

Für das Baby

AB 4 MONATEN
fein püriert

Nach Schritt 8 30 g Champignons beiseitestellen.
Fein pürieren.

 Sie können etwas Zitronensaft dazugeben, um den Geschmack der Champignons abzumildern.

AB 6 MONATEN
püriert

Nach Schritt 7 10 g Kalbfleisch, 100 g Möhren und 50 g Sellerie und **nach Schritt 8** 50 g Champignons plus etwas Sauce beiseitestellen.
Alles mit der Sauce fein pürieren.

AB 8 MONATEN
passiert

Nach Schritt 7 20 g Kalbfleisch und 100 g Möhren, **nach Schritt 8** 50 g Champignons und **nach Schritt 9** 50 g Reis plus etwas Sauce beiseitestellen.
Gemüse passieren, Fleisch grob hacken.

 Die Sauce sorgt hier für die Fettzufuhr.

AB 12 MONATEN
stückig

Nach Schritt 7 30 g Kalbfleisch und 50 g Möhren, **nach Schritt 8** 50 g Champignons und **nach Schritt 9** 50 g Reis plus etwas Sauce beiseitestellen. Fleisch und ggf. Gemüse klein schneiden.

 Ihr Kind isst dasselbe wie die Großen, aber in angepassten Mengen. Wenn es noch Hunger hat, können Sie ihm 1–2 Champignons und ein paar Selleriestücke mehr geben.

REZEPTE

Ossobuco

 2 Std. 15 Min.   30 Min.

 6 Pers. ☀ ganz-jährig

Zutaten

 1,4 kg Kalbshachse in Scheiben

 8 Tomaten

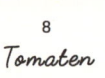 3 Zwiebeln

 5 Möhren

 20 g Tomatenmark

 300 g Reis

Außerdem

Olivenöl
4 Knoblauchzehen
10 g Mehl
Thymian und Lorbeer
1 l Gemüsebrühe
Salz und Pfeffer

1. Tomaten häuten, Zwiebeln, Möhren und Knoblauch schälen. Tomaten vierteln, Kerne entfernen. Zwiebeln und Knoblauch fein hacken. Möhren würfeln.

2. Kalbshachse in einem Topf mit etwas Öl anbräunen. Herausnehmen.

3. Im selben Topf Zwiebeln andünsten, dann die Möhren dazugeben. Mit etwas Wasser ablöschen, um den Bratensatz zu lösen.

4. Erst das Mehl, dann das Tomatenmark unterrühren. Thymian und Lorbeer dazugeben.

5. Knoblauch dazugeben, dann die Tomaten. Fleischstücke wieder in den Topf geben. Brühe zugießen, Deckel aufsetzen und mindestens 2 Stunden bei starker Hitze köcheln lassen.

6. Reis nach Packungsanleitung kochen. Gelegentlich umrühren.

7. Das Ossobuco ist fertig, wenn die Sauce sämig ist und an den Zutaten hängen bleibt. Auf dem Teller mit Salz sowie Pfeffer würzen und mit dem Reis servieren.

👨‍🍳 Je länger die Garzeit, desto besser schmeckt das Ossobuco. Bereiten Sie dieses Gericht möglichst schon am Vortag zu. Sie können auch mit Weißwein statt mit Wasser ablöschen, nachdem Sie die Babyportion entnommen haben.

HAUPTGERICHTE

Für das Baby

AB 4 MONATEN

fein püriert

Nach Schritt 1 30 g Möhren beiseitestellen. 12 Minuten dampfgaren, dann glatt pürieren.

 Sie können Muttermilch oder Säuglingsnahrung dazugeben, damit der Brei glatter wird. Er darf dann aber nicht kochen.

AB 6 MONATEN

püriert

Nach Schritt 7 10 g Kalbshachse und 200 g Möhren plus 5 g Fett beiseitestellen. Gemüse glatt pürieren. Mit dem Fett mischen. Fleisch mit etwas Gemüsebrühe pürieren, damit es nicht zu trocken ist.

AB 8 MONATEN

passiert

Nach Schritt 6 100 g Reis, **nach Schritt 7** 20 g Kalbshachse und 100 g Möhren plus 5 g Fett beiseitestellen.
Gemüse durch die Gemüsemühle mit mittelfeinem Bodensieb passieren. Reis und Fett dazugeben.
Fleisch mit etwas Gemüsebrühe hacken, damit es nicht zu trocken ist.

AB 12 MONATEN

stückig

Nach Schritt 6 70–80 g Reis, **nach Schritt 7** 30 g Kalbshachse und 80 g Möhren plus 5 g Fett beiseitestellen.
Fett unter die Möhren mischen und alles mit dem Reis vermengen. Fleisch klein schneiden.

REZEPTE

Jägerbraten mit grünen Bohnen

 35 Min.   15 Min. (+ 10 Min.)

 4 Pers. ☼ Herbst Winter

Zutaten

 600 g Schweinebraten

 1 kg grüne Bohnen

 400 g Champignons

 40 g Butter

 2 Zehen Knoblauch

 ½ Bund Petersilie

Außerdem

Olivenöl
Salz und Pfeffer

1. Etwas Öl in eine Pfanne geben, Braten hineinlegen und von allen Seiten in 3–4 Minuten anbräunen. 1 zerdrückte Knoblauchzehe und einige Petersilienblättchen dazugeben.

2. Braten in eine Auflaufform legen, Butter dazugeben und im vorgeheizten Ofen 30 Minuten bei 180 °C garen. Während der Garzeit den Braten wiederholt begießen.

3. Inzwischen den restlichen Knoblauch schälen und hacken. Petersilie hacken. Pilze säubern und in Stücke schneiden.

4. Zusammen in einer Pfanne mit etwas Öl anbraten, bis die Pilze Wasser abgeben und goldbraun sind.

5. Bohnen von den Enden befreien und 6 Minuten sprudelnd kochen. Sie sollten noch bissfest sein.

6. Nach 20 Minuten Garzeit des Bratens Pilze und Bohnen dazugeben. Alles mit der Garflüssigkeit begießen. Am Ende der Garzeit sollte der Braten oben goldbraun und innen zart sein. Mit Petersilie bestreuen.

7. Vor dem Servieren 10 Minuten ruhen lassen. Auf dem Teller salzen und pfeffern.

HAUPTGERICHTE

Für das Baby

AB 4 MONATEN
fein püriert

Nach Schritt 3 30 g Champignons beiseitestellen.
10 Minuten sprudelnd in Wasser kochen.
Abtropfen lassen und fein pürieren.

 Sie können Muttermilch oder Säuglingsnahrung dazugeben, damit der Brei glatter wird.

AB 6 MONATEN
püriert

Nach Schritt 3 150 g Champignons und **nach Schritt 7** 10 g Braten und 50 g ungewürzte Bohnen plus 5 g Fett beiseitestellen.
Die Pilze 10 Minuten sprudelnd in Wasser kochen.
Mit den Bohnen glatt pürieren.
Fett dazugeben und erneut pürieren. Fleisch ebenfalls pürieren.

AB 8 MONATEN
passiert

Nach Schritt 3 100 g Champignons und **nach Schritt 7** 20 g Braten und 50 g ungewürzte Bohnen plus 5 g Fett beiseitestellen.
Die Pilze 10 Minuten sprudelnd in Wasser kochen. Mit den Bohnen und dem Fett zu einem homogenen Brei passieren. Fleisch hacken.

AB 12 MONATEN
stückig

Nach Schritt 7 30 g Braten, 50 g Champignons und 110 g ungewürzte Bohnen beiseitestellen. Die Bohnen in kleine Stücke schneiden, damit sie leichter zu essen sind. Fleisch klein schneiden und alles mit den Champignons vermengen.

REZEPTE

Eintopf

 2 Std. 45 Min. 30 Min. (+ 12 Std.)

 6 Pers. ☀ Herbst Winter

Zutaten

| 1 kleine | 2 | 200 g | 1 | 8 | 3 + 3 + 3 |
| Schweinshachse, leicht gesalzen | Saucisses de Morteau (geräucherte Wurst) | Bauchspeck | Grünkohl | kleine Kartoffeln | Möhren, Speiserüben, Lauchstangen (weiße Teile) |

Außerdem

200 g weiße Bohnen aus der Dose
1 Zwiebel
1 Gewürznelke
1 Kräutersträußchen
Olivenöl
Salz und Pfeffer

1. Am Vortag die Hachse mindestens 12 Stunden in kaltes Wasser legen, um das Salz herauszulösen.

2. Am Zubereitungstag Möhren, Rüben und Kartoffeln schälen und vierteln. Lauchstangen ganz lassen.

3. Zwiebel schälen und halbieren. Schnittseite in einer heißen Pfanne mit etwas Öl anbräunen. Gewürznelke hineinstecken.

4. Fleisch, Zwiebel und Kräutersträußchen in einen großen Topf legen. Mit Wasser bedecken und zum Kochen bringen. Gelegentlich mit einem Schaumlöffel oder einer Kelle entschäumen. Hitze reduzieren und 1,5 Stunden köcheln lassen.

5. Grünkohlblätter trennen und 3 Minuten in kochendem Wasser blanchieren.

6. Gemüse in den Topf geben (einschließlich Grünkohl und gewaschener Bohnen), ebenso die Würste und den Speck. 1 Stunde weiterköcheln. Auf dem Teller würzen.

Je länger die Garzeit, desto aromatischer wird die Brühe. Bereiten Sie dieses Gericht möglichst schon am Vortag zu. Wer es gern pikant mag, kann eine Schüssel Brühe beiseitestellen und etwas Harissa hineinrühren. Servieren Sie zu diesem Eintopf scharfen Senf oder Honigsenf.

HAUPTGERICHTE

Für das Baby

AB 4 MONATEN

fein püriert

Nach Schritt 6 30 g Möhren beiseitestellen. Glatt pürieren. Um den Brei zu verdünnen, etwas Kochwasser dazugeben.

 Sie können Muttermilch oder Säuglingsnahrung dazugeben, damit der Brei glatter wird.

AB 6 MONATEN

püriert

Nach Schritt 6 10 g Fleisch, 100 g Rüben und 100 g Grünkohl plus 5 g Fett beiseitestellen. Gemüse glatt pürieren. Um den Brei zu verdünnen, nach Bedarf Kochwasser dazugeben. Fleisch mit etwas Kochwasser pürieren, damit es nicht zu trocken ist.

 Nehmen Sie vorzugsweise die inneren Kohlblätter, da sie leichter verdaulich sind.

AB 8 MONATEN

passiert

Nach Schritt 6 20 g Fleisch, 100 g Rüben, 50 g Grünkohl und 50 g Kartoffeln plus 5 g Fett beiseitestellen.
Gemüse durch die Gemüsemühle mit mittelfeinem Bodensieb passieren. Um den Brei zu verdünnen, nach Bedarf Kochwasser dazugeben, dann das Fett unterrühren. Fleisch mit etwas Kochwasser hacken, damit es nicht zu trocken ist.

AB 15 MONATEN

stückig

Nach Schritt 7 30 g Fleisch (nach Wahl), 120 g gemischtes Gemüse (einschließlich Bohnen) plus 5 g Fett beiseitestellen. Fett unter das Gemüse mischen und Fleisch klein schneiden.

 Hülsenfrüchte wie weiße Bohnen werden erst ab 15 Monaten eingeführt. Da sie sehr ballaststoffreich sind, können sie sonst bei Ihrem Kind Verdauungsstörungen hervorrufen, da sein Verdauungssystem noch nicht ausgereift ist.

REZEPTE

Würstchencurry

 1 Std.   25 Min.

 6 Pers.   ganzjährig

Zutaten

700 g
geräucherte
Würste

400 g
Dicke Bohnen
aus der Dose

6
Tomaten

8
große
milde Chilischoten
(z.B. Aji dulce)

20 g
frischer
Ingwer

2
rote
Zwiebeln

Außerdem

3 Knoblauchzehen
½ Bund Koriandergrün
Pflanzenöl
Thymian
1 EL Gewürzmischung
(Kurkuma, Kreuzkümmel
und Safran)
Salz und Pfeffer

1. Würstchen einstechen und 20 Minuten in einen Topf mit kochendem Wasser legen, um das Fett herauszuziehen.

2. Bohnen abtropfen lassen und waschen. Tomaten und Chilischoten häuten, Kerne entfernen und fein würfeln. Ingwer schälen und zerdrücken.

3. Zwiebeln und Knoblauch schälen, vom Keim befreien. Knoblauch zerdrücken, Zwiebeln fein hacken. Koriandergrün hacken.

4. Würstchen abtropfen und abkühlen lassen. Diagonal in 2–3 cm große Stücke schneiden.

5. Würstchen in einem Topf mit Öl anbraten. Wenn sie leicht goldbraun sind, Zwiebeln mitbraten. Umrühren, Knoblauch, Ingwer und Thymian dazugeben. Alles 10 Minuten kochen lassen.

6. Gewürze dazugeben, dann die Tomaten und Chili. Alles 15–20 Minuten köcheln lassen.

7. Bohnen dazugeben und 10 Minuten weiterköchelt. Einkochen lassen, bis die Sauce sämig ist. Auf dem Teller salzen und pfeffern und mit Koriandergrün bestreuen.

 Je länger die Garzeit, desto besser schmeckt das Curry. Bereiten Sie dieses Gericht möglichst schon am Vortag zu.

HAUPTGERICHTE

Für das Baby

AB 4 MONATEN
fein püriert

Nach Schritt 2 30 g Chilischoten beiseitestellen.
15 Minuten in Wasser kochen.
Glatt pürieren.

 Sie können Muttermilch oder Säuglingsnahrung dazugeben, damit der Brei glatter wird.

AB 6 MONATEN
püriert

Nach Schritt 6 200 g Chilischoten und Tomaten, **nach Schritt 7** 10 g Würstchen plus 5 g Fett beiseitestellen.
Gemüse glatt pürieren.
Fett unterrühren.
Würstchenhaut abziehen und das Brät fein pürieren.

AB 8 MONATEN
passiert

Nach Schritt 6 200 g Chilischoten und Tomaten, **nach Schritt 7** 20 g Würstchen plus 5 g Fett beiseitestellen.
Gemüse mittelfein pürieren.
Fett unterrühren.
Würstchenhaut abziehen und das Brät grob hacken.

AB 12 MONATEN
stückig

Nach Schritt 7 30 g Würstchen, 100 Bohnen und 30–40 g Chilischoten plus 5 g Fett beiseitestellen.
Fett unter das Gemüse mischen und servieren.

REZEPTE

Linseneintopf mit Würstchen

 1 Std.   20 Min.

 4 Pers. ganzjährig

Zutaten

6
Bratwürste

350 g
Linsen

200 g
geräucherter Rückenspeck

2
Möhren

1
Zwiebel

1 Zehe
Knoblauch

Außerdem

1 EL Pflanzenöl
1 EL Tomatenmark
1 Lorbeerblatt
1 Gewürznelke
Salz und Pfeffer

1. Linsen in ein Sieb geben und mit kaltem Wasser waschen.

2. Möhren schälen und in dünne Scheiben schneiden. Zwiebel und Knoblauch schälen, vom Keim befreien und fein hacken.

3. Öl in einen Schmortopf geben und Zwiebel, Knoblauch und Möhren 10 Minuten andünsten.

4. Würstchen und Speck dazugeben, anschließend Tomatenmark, Lorbeerblatt und Gewürznelke.

5. Linsen hineingeben und umrühren. Wasser zugießen, bis es doppelt so hoch steht wie die Linsen. 45–50 Minuten unter gelegentlichem Rühren ohne Deckel kochen lassen.

6. Wenn die Linsen noch nicht gar sind und die Sauce eingekocht ist, etwas Wasser nachgießen und erneut einkochen lassen.

7. Heiß servieren, am besten am Folgetag. Salzen und pfeffern.

 Je länger die Garzeit, desto besser schmeckt der Eintopf. Bereiten Sie dieses Gericht möglichst schon am Vortag zu.

HAUPTGERICHTE

Für das Baby

AB 4 MONATEN
fein püriert

Nach Schritt 3 30 g Möhren beiseitestellen. Wenn sie noch zu fest sind, noch einige Minuten kochen, dann fein pürieren.

 Sie können Muttermilch oder Säuglingsnahrung dazugeben, damit der Brei glatter wird.

AB 6 MONATEN
püriert

Nach Schritt 3 200 g Möhren plus 5 g Fett beiseitestellen. Wenn die Möhren noch zu fest sind, weitere 5 Minuten in Wasser kochen. Pürieren, Fett unterrühren.

AB 8 MONATEN
passiert

Nach Schritt 3 200 g Möhren und **nach Schritt 6** 20 g Würstchen plus 5 g Fett beiseitestellen. Wenn die Möhren noch zu fest sind, weitere 5 Minuten in Wasser kochen.
Pürieren und Fett unterrühren. Würstchen hacken.

AB 15 MONATEN
stückig

Nach Schritt 6 30 g Würstchen und 120 g Linsen plus 5 g Fett beiseitestellen. Fett unter die Linsen mischen.
Würstchen klein schneiden.

REZEPTE

Hörnchennudeln mit Schinken und Sellerie

 15 Min.   25 Min.

 4 Pers.   Herbst Winter

Zutaten

320 g
Hörnchennudeln

2 Scheiben
gekochter Schinken,
1 cm dick

350 g
Stangensellerie

75 g
Butter

150 g
Comté
(pasteurisiert)

Außerdem
Salz und Pfeffer

1. Sellerie waschen und von Fasern befreien. In erbsengroße Würfel schneiden.
2. Nudeln nach Packungsanleitung in Wasser kochen. Abtropfen lassen und unter fließendem kaltem Wasser abschrecken.
3. Schinken fein würfeln.
4. Butter in einer Pfanne zerlassen und die Selleriewürfel hineingeben. 3 Minuten anschwitzen.
5. Schinken dazugeben und leicht anbräunen.
6. Nudeln dazugeben und höchstens 5 Minuten warm werden lassen, damit sie nicht weitergaren und zu weich werden.
7. Nudeln heiß mit geriebenem Comté bestreut servieren. Auf dem Teller salzen und pfeffern.

Sie können auch einen anderen Käse verwenden, er muss nur pasteurisiert sein.
Für ein üppigeres Aroma können Sie pro Teller noch 1 TL Crème fraîche dazugeben.

HAUPTGERICHTE

Für das Baby

AB 4 MONATEN
fein püriert

Nach Schritt 1 30 g Sellerie beiseitestellen. 10 Minuten in Wasser kochen, dann fein pürieren.

 Mehr Konsistenz bekommt das Gericht, wenn Sie 1 Kartoffel dazugeben.

AB 6 MONATEN
püriert

Nach Schritt 4 200 g Sellerie und **nach Schritt 5** 10 g Schinken plus 5 g Fett dazugeben.
Sellerie und Fleisch separat pürieren.
Fett unter den Sellerie mischen.

 Wenn der Brei fester sein soll, ersetzen Sie 60 g Sellerie durch dieselbe Menge Kartoffel.

AB 8 MONATEN
passiert

Nach Schritt 2 60 g Nudeln, **nach Schritt 4** 140 g Sellerie und **nach Schritt 5** 20 g Schinken plus 5 g Comté und 5 g Fett beiseitestellen.
Sellerie pürieren, Schinken hacken.
Nudeln mit Selleriepüree, Fett und Comté mischen.

AB 12 MONATEN
stückig

120–150 g Nudeln plus 5 g Fett servieren.
Mischen.

 Wie für die Großen können Sie für ein üppigeres Aroma noch 1 TL Crème fraîche dazugeben.

REZEPTE

Oma Roses Lammragout

 2 Std. 45 Min.   25 Min.

 6 Pers.   Winter

Zutaten

1 kg	500 g	1 kg	1 kg	500 ml	1 + 3
Lammhals in Stücken	Lammkoteletts in Stücken	neue Kartoffeln	weiße Bohnen aus der Dose	Weißwein	Zwiebel/ Knoblauchzehen

Außerdem

6 EL Olivenöl
3 EL Mehl
1 Kräutersträußchen
Salz und Pfeffer

1. Kartoffeln schälen, vierteln und waschen. 20 Minuten bei schwacher Hitze kochen.

2. Inzwischen in einem gusseisernen Schmortopf das Fleisch in Öl von allen Seiten goldbraun anbraten.

3. Zwiebel und Knoblauch schälen, vom Keim befreien und in kleine Stücke schneiden. In den Topf geben.

4. Mehl dazugeben und bei mittlerer Hitze unter ständigem Rühren 10 Minuten weiterbraten.

5. Weißwein zugießen und auf die Hälfte einkochen lassen.

6. 1 Liter Wasser und das Kräutersträußchen dazugeben. Bei schwacher Hitze 2 Stunden auf die Hälfte einkochen lassen. Die Sauce sollte dick und sämig sein.

7. Bohnen abtropfen lassen und in den Topf geben. Gare Kartoffeln dazugeben. 20–30 Minuten erhitzen, bis Kartoffeln und Bohnen die Lammaromen aufgenommen haben.

8. Servieren und auf dem Teller salzen und pfeffern.

HAUPTGERICHTE

Für das Baby

AB 4 MONATEN
fein püriert

Nach Schritt 1 30 g Kartoffeln beiseitestellen.
Durch eine Gemüsemühle mit feinem Bodensieb passieren.

 Sie können Muttermilch oder Säuglingsnahrung dazugeben, damit der Brei glatter wird.

AB 6 MONATEN
püriert

Nach Schritt 1 200 g Kartoffeln und **nach Schritt 7** 10 g Fleisch plus 5 g Fett beiseitestellen.
Kartoffeln durch eine Gemüsemühle mit feinem Bodensieb passieren. Fett unterrühren. Fleisch 10 Minuten in wenig Wasser kochen. Fein pürieren.

AB 8 MONATEN
passiert

Nach Schritt 1 200 g Kartoffeln und **nach Schritt 7** 20 g Fleisch plus 5 g Fett und Thymian beiseitestellen.
Kartoffeln durch eine Gemüsemühle mit feinem Bodensieb passieren. Fett unterrühren. Fleisch 10 Minuten mit etwas Thymian in wenig Wasser kochen. Fein hacken.

AB 15 MONATEN
stückig

Nach Schritt 7 30 g Fleisch, 30 g Kartoffeln und 100 g Bohnen plus 5 g Fett beiseitestellen.
Kartoffeln mit Bohnen und Fett mischen. Fleisch klein schneiden.

 Hülsenfrüchte wie weiße Bohnen werden erst ab 15 Monaten eingeführt. Da sie sehr ballaststoffreich sind, können sie sonst bei Ihrem Kind Verdauungsstörungen hervorrufen, da sein Verdauungssystem noch nicht ausgereift ist.

REZEPTE

Oma Patricias Lammkeule

 50 Min. 25 Min.

 6 Pers. Winter

Zutaten

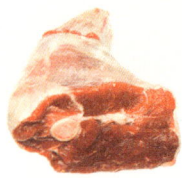   

1 Lammkeule — 2,5 kg Kartoffeln — 250 g Backpflaumen, entsteint — 6 Zehen Knoblauch

Außerdem

Olivenöl
Butter
Thymian und Lorbeer
Salz und Pfeffer

1. Knoblauch schälen, vom Keim befreien. Keule damit spicken.

2. Kartoffeln schälen und waschen. In große Stücke schneiden, erneut waschen und in einen ofenfesten Topf geben. 1 Glas Wasser zugießen.

3. Lammkeule salzen und pfeffern. Etwas Öl in eine heiße Pfanne geben und von allen Seiten anbraten.

4. Lammkeule in den Topf legen. Einige Würfel Butter dazugeben, Thymian und Lorbeerblätter hineinlegen. Im vorgeheizten Ofen 20 Minuten bei 200 °C backen.

5. Lammkeule wenden. Backpflaumen dazugeben und mit den Kartoffeln mischen. Weitere 20 Minuten garen.

Durch das Waschen der Kartoffeln nach dem Zerkleinern wird die Stärke entfernt, und sie kleben nicht mehr zusammen. Begießen Sie die Lammkeule häufig mit dem Bratensaft, damit sie nicht trocken wird. Das Fleisch wird rosa gegessen. Wenn Sie es lieber etwas mehr durch mögen, verlängern Sie die Garzeit. Nehmen Sie für Ihr Baby Fleisch aus der Mitte, nicht den gewürzten Teil.

HAUPTGERICHTE

Für das Baby

AB 4 MONATEN

fein püriert

Nach Schritt 4 30 g Kartoffeln beiseitestellen.
Durch eine Gemüsemühle mit feinem Bodensieb passieren.

 Sie können den Brei mit Muttermilch oder Säuglingsnahrung verdünnen. Mit den Backpflaumen lieber noch etwas warten.

AB 6 MONATEN

püriert

Nach Schritt 5 10 g Fleisch und 200 g Kartoffeln plus 1 Stück Knoblauch und 5 g Fett beiseitestellen.
Die Kartoffeln durch eine Gemüsemühle mit feinem Bodensieb passieren. Fett unterrühren.
Fleisch mit dem Knoblauch in Wasser kochen und fein hacken.

AB 8 MONATEN

passiert

Nach Schritt 5 20 g Fleisch und 200 g Kartoffeln plus 1 Stück Knoblauch und 5 g Fett beiseitestellen.
Die Kartoffeln durch eine Gemüsemühle mit mittelfeinem Bodensieb passieren. Fett unterrühren.
Fleisch mit dem Knoblauch in Wasser kochen und hacken.

 Sie können die Kartoffeln auch mit der Gabel zerdrücken.

AB 12 MONATEN

stückig

Nach Schritt 5 30 g Fleisch, 100 g Kartoffeln und 30 g Backpflaumen plus 5 g Fett beiseitestellen.
Kartoffeln, Pflaumen und Fleisch klein schneiden.

 Für mehr Aroma können Sie auch etwas Sauce dazugeben.

REZEPTE

Moussaka

 45 Min. 35 Min.

 6-8 Pers.   Frühling Sommer

Zutaten

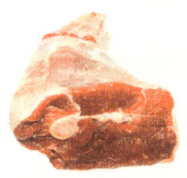     

| 1 kg | 3 | 4 | 3 | 3 Zehen | 200 g |
| Lammschulter, gehackt | Tomaten | Auberginen | Zwiebeln | Knoblauch | Comté (pasteurisiert), gerieben |

Außerdem

½ TL Zimt
Olivenöl
Thymian und Lorbeerblätter
2 EL doppelt konzentriertes Tomatenmark
40 g Butter
50 g Mehl
400 ml Vollmilch
Salz und Pfeffer

1. Tomaten häuten, Kerne entfernen und klein schneiden. Mit etwas Öl in einen Topf geben und den Zimt dazugeben. 10 Minuten dünsten. Beiseitestellen.

2. Auberginen waschen und in 1 cm dicke Scheiben schneiden.

3. Gitterförmig einritzen und auf beiden Seiten mit Öl bepinseln. Scheiben in eine heiße Pfanne legen und anbräunen. Auf Küchenpapier abkühlen lassen.

4. Zwiebeln schälen, fein hacken und mit etwas Öl in einer Pfanne anbraten. Hackfleisch dazugeben und bei starker Hitze anbraten, bis das Wasser austritt und das Fleisch zu bräunen beginnt.

5. Knoblauch schälen, zerdrücken und mit Thymian und Lorbeer in die Pfanne geben. Goldbraun braten.

6. Tomatenconfit (aus Schritt 1) und Tomatenmark dazugeben.

7. Für die Béchamelsauce Butter in einem Topf erhitzen, Mehl dazugeben und verrühren. Wenn die Masse krümelig wird, in kleinen Portionen die Milch dazugeben und dabei kräftig mit dem Schneebesen verrühren.

8. In eine Auflaufform abwechelnd gegrillte Auberginen und Fleisch mit Tomatensauce schichten, bis die Zutaten aufgebraucht sind.

9. Béchamelsauce über den Auflauf gießen und mit Comté bestreuen. Im vorgeheizten Ofen bei 200 °C backen, bis sich eine Kruste gebildet hat. Beim Servieren salzen und pfeffern.

HAUPTGERICHTE

Für das Baby

AB 4 MONATEN
fein püriert

Nach Schritt 2 30 g Aubergine beiseitestellen. Die Haut abziehen, Fruchtfleisch klein schneiden. In einem Topf Wasser 6–7 Minuten kochen lassen. Abtropfen lassen und fein pürieren.

 Sie können die Aubergine auch in Backpapier eingeschlagen 10 Minuten im vorgeheizten Ofen bei 180 °C backen.

AB 6 MONATEN
püriert

Nach Schritt 2 200 g Aubergine und **nach Schritt 5** 10 g Fleisch plus 5 g Butter beiseitestellen.
Auberginenscheiben häuten und klein schneiden. In Backpapier einschlagen und 10 Minuten im vorgeheizten Ofen bei 180 °C backen. Pürieren und das Fett unterrühren.

 Für diesen Brei eignet sich Butter am besten. Butter ist ein Geschmacksverstärker, der das Auberginenaroma gleichzeitig abmildert und verstärkt.

AB 8 MONATEN
passiert

Nach Schritt 2 200 g Auberginen, **nach Schritt 5** 20 g Fleisch und **nach Schritt 7** 5 g Béchamelsauce beiseitestellen.
Auberginenscheiben häuten und klein schneiden. In Backpapier einschlagen und 10 Minuten im vorgeheizten Ofen bei 180 °C backen. Mit der Gabel zerdrücken und die Béchamelsauce dazugeben.

 Für mehr Aroma können Sie auch etwas Fleischsaft dazugeben.

AB 12 MONATEN
stückig

120 g Moussaka vor dem Würzen servieren.

 Dieses Gericht enthält etwas mehr Protein; die anderen Mahlzeiten für das Kind sollten entsprechend angepasst werden, damit das Gleichgewicht stimmt: Geben Sie ihm in der übrigen Woche einige Gramm Protein weniger, mehr ist nicht nötig.

REZEPTE

Oma Claudes Couscous

 2 Std.   40 Min.

8 Pers. Winter

Zutaten

| 1 kg mittelfeiner Grieß | 1 kg Lammschulter in Stücken | 1 kg Hähnchenkeulen | 1,6 kg Gemüse (Möhren, Speiserüben, Zucchini, Kichererbsen aus der Dose, Tomaten) | 12 Merguez-Würstchen |

Außerdem

1 TL Ras el-Hanout
1 Prise Safran
2 Zwiebeln
1 Bund Koriandergrün
150 g Rosinen
150 g Butter
Salz und Pfeffer

1. Merguez-Würstchen in einem Topf anbräunen. Herausnehmen, Fleisch goldbraun anbraten, dann die Gewürze zugeben.

2. Tomaten häuten, Zwiebeln schälen, beides klein schneiden und in den Topf geben. 10 Minuten dünsten und mit kochendem Wasser bedecken. Erneut zum Kochen bringen und 1 Stunde köcheln lassen.

3. Möhren und Rüben schälen und in Stücke, Zucchini in 3 cm dicke Scheiben schneiden.

4. Fleisch herausnehmen, Möhren und Rüben in den Topf geben. 20 Minuten braten, die Zucchini dazugeben. Gehacktes Koriandergrün dazugeben, das Fleisch wieder in den Topf geben.

5. Grieß in eine Schüssel geben und mit etwas heißem Wasser begießen. Umrühren und mit einer Gabel auflockern.

6. Grieß in den Korb einer Couscoussière geben und auf den Topf stellen. 10 Minuten kochen lassen, dabei gelegentlich mit einer Gabel auflockern, dann bei schwacher Hitze erneut 15 Minuten.

7. Etwas Brühe in einer Schüssel auffangen und Kichererbsen und Rosinen darin erhitzen.

8. Grieß in eine flache Schüssel füllen und mit Butterflöckchen belegen. Das Gemüse in die Mitte legen und Fleisch und Merguez-Würstchen dazugeben. Brühe, Kichererbsen und Rosinen separat dazu reichen. Auf dem Teller salzen und pfeffern.

HAUPTGERICHTE

Für das Baby

AB 4 MONATEN

fein püriert

Nach Schritt 4 30 g Rüben beiseitestellen. Fein pürieren.

 Der Brei sollte glatt sein. Wenn Sie ihn verdünnen müssen, geben Sie etwas Muttermilch oder Säuglingsnahrung dazu. Sie mildert auch den Geschmack der Rübe etwas ab.

AB 6 MONATEN

püriert

Nach Schritt 6 10 g Fleisch und 200 g Gemüse plus 5 g Fett beiseitestellen.
Gemüse fein pürieren und mit dem Fett mischen. Lamm fein hacken.

AB 8 MONATEN

passiert

Nach Schritt 6 20 g Fleisch, 50 g Grieß und 140 g Gemüse plus 5 g Fett beiseitestellen.
Gemüse fein prürieren und das Fett mit dem Grieß vermengen. Lamm hacken.

AB 15 MONATEN

stückig

Nach Schritt 6 30 g Fleisch, 50 g Grieß und 100 g Gemüse beiseitestellen.

 Hülsenfrüchte wie Kichererbsen werden erst ab 15 Monaten eingeführt. Da sie sehr ballaststoffreich sind, können sie sonst bei Ihrem Kind Verdauungsstörungen hervorrufen, da sein Verdauungssystem noch nicht ausgereift ist.

REZEPTE

Pastilla mit Lamm und Wintergemüse

 1 Std.   30 Min.

 8 Pers. Herbst Winter

Zutaten

24 Blatt Filoteig (für Teigtaschen)

600 g gehackte Lammschulter

400 g Lauch (weiße Teile)

400 g Kürbis

400 g Spinat

100 g geschälte Mandeln

Außerdem

Butter
Pflanzenöl
4 Schalotten
6 weiche Backpflaumen
6 Stängel Koriandergrün
6 Stängel Petersilie
4 EL Honig
1 EL Kreuzkümmel
2 Eier
Salz und Pfeffer

1. Lauchstangen längs aufschneiden, unter fließendem Wasser säubern und fein hacken. In einer Pfanne mit etwas Butter andünsten. Nach 5 Minuten beiseitestellen.

2. Kürbis schälen und in Scheiben schneiden. 10 Minuten mit etwas Öl in der Pfanne andünsten, bis sie goldbraun sind.

3. In einer zweiten Pfanne Mandeln goldbraun rösten und hacken.

4. Schalotten schälen und fein hacken. Spinat hacken. Pflaumen würfeln. Koriandergrün und Petersilie hacken.

5. Etwas Öl in einen Schmortopf geben und das Fleisch mit den Schalotten 8 Minuten anbraten.

6. Salzen und pfeffern. Honig und Kreuzkümmel, dann Mandeln, Spinat, Lauch und Kräuter dazugeben. Umrühren und 10 Minuten andünsten. Pflaumen und Kürbis für 2 Minuten dazugeben.

7. Butter zerlassen und eine flache Kuchenform damit einpinseln. Mit 4 Blatt Filoteig auslegen, dann 6 Blatt rosettenförmig so anordnen, dass sie sich in der Mitte überlappen und jeweils ein Drittel über den Rand hängt. Großzügig mit Butter bepinseln und ein Drittel der Füllung darauf verteilen.

8. 4 Teigblätter darauflegen, buttern, ein Drittel Füllung darauf verteilen. Noch einmal wiederholen. Über den Rand hängende Teigblätter über die Füllung schlagen. Eier mit zerlassener Butter verrühren, den Teig damit einpinseln. Im vorgeheizten Ofen 30 Minuten bei 210 °C backen. Auf dem Teller würzen.

HAUPTGERICHTE

Für das Baby

AB 4 MONATEN

fein püriert

Nach Schritt 2 30 g Kürbis beiseitestellen.
Glatt pürieren.

 Sie können Muttermilch oder Säuglingsnahrung dazugeben, damit der Brei glatter wird.

AB 6 MONATEN

püriert

Nach Schritt 2 200 g Kürbis und **nach Schritt 5** 10 g Fleisch plus 5 g Fett beiseitestellen.
Kürbis glatt pürieren, Fett unterrühren.
Fleisch fein pürieren.

AB 8 MONATEN

passiert

Nach Schritt 1 90 g Lauch, **nach Schritt 2** 100 g Kürbis, **nach Schritt 3** 10 g gehackte Mandeln und **nach Schritt 5** 10 g Fleisch plus 5 g Fett beiseitestellen. Kürbis pürieren. Lauch und Fett dazugeben. Vermengen und mit gehackten Mandeln bestreuen. Mit dem Fleisch servieren.

AB 12 MONATEN

stückig

120 g Pastilla servieren.

 Dieses Gericht kann Ihr Baby schon wie die Großen essen!

REZEPTE

Kabeljau mit Bulgur, Spargel und Romanesco

40 Min. 35 Min.

4 Pers. Frühling

Zutaten

| 4 Kabeljaufilets mit Haut | 400 g gekochter Bulgur | 16 grüne Spargelstangen | 1 Romanesco | 10 g frischer Ingwer |

Außerdem

1 Bund Schnittlauch
1 Stängel Thymian

1. Enden der Spargelstangen abschneiden. Die kleinen Spitzen vorsichtig mit einem Messer entfernen. Schräg halbieren.

2. Spargel 3 Minuten (knackig) bzw. 6–8 Minuten (weich) in Wasser kochen. Abtropfen lassen.

3. Romanesco waschen. Mit einem Sparschäler mit fester Klinge den grünen Teil zu grießartiger Konsistenz reiben.

4. Bulgur erhitzen. Rohen Kohlgrieß unterrühren. Ingwer schälen und hacken. Schnittlauch in Röllchen schneiden.

5. Wasser zum Kochen bringen, Ingwer und Thymian hineingeben und 1 Minute kochen lassen. Herd ausschalten, Kabeljau ins Wasser geben und zugedeckt 20 Minuten pochieren. Der Fisch ist gar, wenn sich die Haut leicht abziehen lässt. Sitzt sie noch zu fest, weitere 5 Minuten bei schwacher Hitze garen.

6. Fisch mit Romanesco-Bulgur und Spargel servieren. Mit Schnittlauchröllchen bestreuen.

Damit Sie sich beim Abziehen der Haut nicht verbrühen, verwenden Sie dazu am besten zwei Gabeln.
Erst würzen, wenn Sie die Babyportion beiseitegestellt haben.

HAUPTGERICHTE

Für das Baby

AB 4 MONATEN

fein püriert

Nach Schritt 2 30 g Spargel (8 Minuten Kochzeit) beiseitestellen. Fein pürieren und den Brei durch ein Sieb streichen, um alle Fasern zu entfernen.

AB 6 MONATEN

püriert

Nach Schritt 2 200 g Spargel (8 Minuten Kochzeit), **nach Schritt 5** 10 g Kabeljau plus 5 g Fett beiseitestellen.
Spargel fein pürieren und den Brei durch ein Sieb streichen, um alle Fasern zu entfernen. Fett unterrühren.
Fisch fein pürieren.

 Mit Butter wird der Brei aromatischer als mit Öl.

AB 8 MONATEN

passiert

Nach Schritt 2 100 g Spargel (8 Minuten Kochzeit), **nach Schritt 4** 100 g Bulgur ohne Kohlgrieß, **nach Schritt 5** 20 g Kabeljau plus 5 g Fett beiseitestellen.
Spargel fein pürieren und den Brei durch ein Sieb streichen, um alle Fasern zu entfernen. Fett unterrühren und Bulgur dazugeben. Fisch hacken.

AB 12 MONATEN

stückig

Nach Schritt 2 60 g Spargel (8 Minuten Kochzeit), **nach Schritt 4** 60 g Bulgur mit Kohlgrieß, **nach Schritt 5** 30 g Kabeljau plus 5 g Fett beiseitestellen. Spargelstangen in dünne Scheiben schneiden, Fett und Kohlgrieß-Bulgur dazugeben.
Fisch hacken.

Lachs mit zweierlei Tagliatelle

 15 Min. 20 Min.

 4 Pers. Frühling Sommer

Zutaten

- 500 g Lachsfilet ohne Haut
- 600 g Zucchini
- 300 g gelbe Zucchini
- 400 g frische Tagliatelle
- 1 Zehe Knoblauch

Außerdem

einige Basilikumblätter
Olivenöl
1 EL Crème fraîche (pasteurisiert)
Salz und Pfeffer

1. Zucchini mit einem Sparschäler längs in Bänder schneiden.
2. Knoblauch schälen, vom Keim befreien und zerdrücken. Basilikum waschen und hacken.
3. Nudeln nach Packungsanleitung kochen.
4. Inzwischen Knoblauch und Lachs in einer Pfanne mit etwas Öl anbraten. Lachs in Stücke teilen und in 5–6 Minuten goldbraun braten.
5. Zucchinibänder und Nudeln mit etwas Basilikum dazugeben.
6. Crème fraîche dazugeben und sofort unterrrühren. Auf dem Teller salzen und pfeffern.

Für mehr Aromen können Sie einige getrocknete Tomaten und Kapern dazugeben.

HAUPTGERICHTE

Für das Baby

AB 4 MONATEN

fein püriert

Vor Schritt 1 30 g Zucchini beiseitestellen. Schälen, in Stücke schneiden und 10 Minuten in Wasser kochen. Abtropfen lassen und fein pürieren.

 Die Farbe der Zucchini spielt keine Rolle. Mischen Sie die Sorten ruhig.

AB 6 MONATEN

püriert

Vor Schritt 1 200 g Zucchini und **nach Schritt 4** 10 g Lachs plus 5 g Fett beiseitestellen.
Zucchini schälen, in Stücke schneiden und 10 Minuten in Wasser kochen. Abtropfen lassen und mit Fett und Lachs fein pürieren.

AB 8 MONATEN

passiert

Vor Schritt 1 150 g Zucchini, **nach Schritt 3** 50 g Nudeln und **nach Schritt 4** 20 g Lachs plus 5 g Fett beiseitestellen.
Zucchini schälen, in Stücke schneiden und 10 Minuten in Wasser kochen. Abtropfen lassen und mit Fett und Lachs grob pürieren. Nudeln klein schneiden und untermischen.

AB 12 MONATEN

stückig

120 g Lachs mit Tagliatelle servieren.
Zum einfacheren Essen die Nudeln klein schneiden.

 Die Crème fraîche sorgt in diesem Gericht für die Fettzufuhr, zusätzliches Fett ist nicht nötig.

REZEPTE

Dorade mit Zitrus-Zucchini-Füllung

20 Min. | 25 Min.
4 Pers. | Frühling

Zutaten

4	1	1	3	3	1 Bund
kleine Doraden, entschuppt und ausgenommen	Bio-Orange	Zitrone	gelbe Zucchini	grüne Zucchini	Schnittlauch

Außerdem

1 Fenchelknolle
einige Kreuzkümmelsamen
1 Knoblauchzehe
Olivenöl
Salz und Pfeffer

1. Doraden unter fließendem kalten Wasser waschen.

2. Zitrusfrüchte abbürsten, waschen und in Scheiben schneiden. Fenchel waschen und vierteln.

3. Doraden mit Zitrusfrüchten, Fenchel und Kreuzkümmel füllen. Auf einen ofenfesten Teller legen und im vorgeheizten Ofen 15–20 Minuten bei 180 °C backen.

4. Inzwischen die Zucchini längs vierteln und fein hacken.

5. Knoblauch schälen, vom Keim befreien und in kleine Stücke schneiden. Schnittlauch in Röllchen schneiden.

6. Öl in einer Pfanne erhitzen und die Zucchini mit Knoblauch und Schnittlauch in 10 Minuten goldbraun braten.

7. Vor dem Servieren den Fenchel entfernen. Auf dem Teller salzen und pfeffern.

Wer möchte, kann noch einige Zitruszesten zu den Zucchini geben.

HAUPTGERICHTE

Für das Baby

AB 4 MONATEN
fein püriert

Vor Schritt 5 30 g Zucchini beiseitestellen.
Schälen, in Stücke schneiden und 10 Minuten in Wasser kochen. Abtropfen lassen und fein pürieren.

 Die Farbe der Zucchini spielt keine Rolle. Mischen Sie die Sorten ruhig.

AB 6 MONATEN
püriert

Nach Schritt 4 10 g Dorade und **vor Schritt 5** 200 g Zucchini plus 5 g Fett beiseitestellen.
Zucchini schälen, in Stücke schneiden und 10 Minuten in Wasser kochen. Abtropfen lassen und mit Fett und Dorade fein pürieren.

AB 8 MONATEN
passiert

Nach Schritt 4 20 g Dorade und **vor Schritt 5** 200 g Zucchini plus 5 g Fett beiseitestellen.
Zucchini schälen, in Stücke schneiden und 10 Minuten in Wasser kochen. Abtropfen lassen und mit Fett und Dorade grob pürieren.

AB 12 MONATEN
stückig

Nach Schritt 4 30 g Dorade und **vor Schritt 7** 120 g Zucchini plus 5 g Fett beiseitestellen. Fett unter die Zucchini mischen. Dorade in Stücke schneiden.

 Wenn Ihr Baby noch nicht gern stückig isst, können Sie die Zucchini mit der Gabel zerdrücken.

REZEPTE

Gebratener Thunfisch mit Zucchini

 15 Min.   20 Min.

 4 Pers.  Frühling Sommer

Zutaten

4 Thunfischsteaks | 600 g gelbe Zucchini | 400 g grüne Zucchini | 1 Zehe Knoblauch | 1 Bund Schnittlauch

Außerdem

Olivenöl
Haselnussöl
Salz und Pfeffer

1. Zucchini waschen und fein würfeln.

2. Knoblauch schälen, vom Keim befreien und fein hacken.

3. Schnittlauch in Röllchen schneiden.

4. Thunfischsteaks in einer heißen Pfanne mit etwas Olivenöl von jeder Seite 3–4 Minuten anbraten.
Für das Baby (und alle anderen, die Thunfisch lieber durchgebraten mögen) etwas länger garen.

5. In eine zweite Pfanne etwas Haselnussöl geben und die Zucchini darin bei starker Hitze 3 Minuten andünsten.

6. Knoblauch und Schnittlauch zu den Zucchini geben. Mit dem Fisch servieren und auf dem Teller salzen und pfeffern.

HAUPTGERICHTE

Für das Baby

AB 4 MONATEN

fein püriert

Nach Schritt 1 30 g Zucchini beiseitestellen.
20 Minuten in Wasser kochen. Abtropfen lassen und glatt pürieren. Den Brei mit etwas Kochwasser verdünnen.

 Sie können Muttermilch oder Säuglingsnahrung dazugeben, damit der Brei glatter wird.

AB 6 MONATEN

püriert

Nach Schritt 4 10 g durchgebratenen Thunfisch und **nach Schritt 5** 200 g Zucchini plus 5 g Fett beiseitestellen.
Zucchini glatt pürieren. Fett dazugeben und erneut pürieren. Thunfisch fein hacken.

AB 8 MONATEN

passiert

Nach Schritt 4 20 g durchgebratenen Thunfisch und **nach Schritt 5** 200 g Zucchini plus 5 g Fett beiseitestellen. Zucchini mit dem Kartoffelstampfer zerdrücken. Fett dazugeben und erneut stampfen. Thunfisch grob hacken.

AB 12 MONATEN

stückig

Nach Schritt 4 30 g durchgebratenen Thunfisch und **nach Schritt 5** 150 g Zucchini plus 5 g Fett beiseitestellen.
Zucchini mit Fett mischen und den Thunfisch in Stücke schneiden.

REZEPTE

Lachs à l'orange mit Kartoffel-Chayote-Püree

 45 Min.   20 Min.

 4 Pers. Herbst

Zutaten

| 2 große Kartoffeln | 4 Chayote-Früchte | 600 g Lachsfilet | 1 Bio-Orange | 250 ml Vollmilch | 250 ml fettreduzierte Crème fraîche (pasteurisiert) |

Außerdem

Sesamöl
1 Eigelb
½ Bund Dill
Salz und Pfeffer

1. Kartoffeln und Chayote-Früchte schälen und waschen.
2. Chayote-Früchte in Wasser einweichen, damit sie nicht kleben. Von der Schale in den Furchen sorgfältig befreien und gründlich waschen. Längs halbieren und den Kern entfernen.
3. 30 Minuten in Wasser kochen.
4. Inzwischen die Kartoffeln in Stücke schneiden und 20 Minuten in Milch kochen.
5. Chayote-Früchte und Kartoffeln in ein Sieb geben und mit einem Kartoffelstampfer zerdrücken.
6. Crème fraîche und etwas Öl dazugeben. Kräftig umrühren.
7. Eigelb dazugeben und erneut gründlich umrühren.
8. Orange waschen und über dem Fisch in Scheiben schneiden. Dill hacken und über den Lachs streuen. 15 Minuten dampfgaren.
9. Mit dem Püree servieren. Auf dem Teller salzen und pfeffern.

Statt der Orange können Sie auch die Zesten von 1 Zitrone abziehen. Das Püree lässt sich auch nur aus Chayote und ohne Kartoffeln herstellen.

HAUPTGERICHTE

Für das Baby

AB 4 MONATEN

fein püriert

Nach Schritt 3 30 g Chayote-Frucht beiseitestellen. Pürieren und durch ein Sieb streichen, damit der Brei glatt ist.

AB 6 MONATEN

püriert

Nach Schritt 6 200 g Püree und **nach Schritt 8** 10 g Lachs beiseitestellen. Zusammen durch eine Gemüsemühle mit feinem Bodensieb passieren.

 Nicht im Mixer pürieren, da der Brei sonst zu klebrig wird und für das Baby schwer zu schlucken ist.
Da das Püree schon Fett enthält, brauchen Sie keines mehr dazugeben.

AB 8 MONATEN

passiert

Nach Schritt 6 200 g Püree und **nach Schritt 8** 20 g Lachs beiseitestellen. Lachs hacken.

AB 12 MONATEN

stückig

Nach Schritt 7 200 g Püree und **nach Schritt 8** 30 g Lachs beiseitestellen. Lachs in Stücke schneiden.

REZEPTE

Panierter Kabeljau mit Selleriepüree

 35 Min.   25 Min.

 4 Pers. Herbst Winter

Zutaten

| 600 g Kabeljaufilet ohne Haut | 1,2 kg Knollensellerie | 500 ml Vollmilch | 150 g Reismehl | 4 Eier | 150 g Paniermehl |

Außerdem

150 g kalte Butter
Olivenöl
1 kleines Bund Kerbel
Salz und Pfeffer

1. Sellerie schälen, waschen und in große Würfel schneiden.

2. In einen Topf geben und mit der Milch zum Kochen bringen. So viel Wasser dazugeben, bis die Stücke vollständig bedeckt sind. 20 Minuten kochen lassen.

3. Sellerie abtropfen lassen. Kochflüssigkeit aufheben, um das Püree zu verdünnen. Sellerie pürieren, dabei die Butter und nach Bedarf portionsweise Kochflüssigkeit dazugeben.

4. Mehl, verrührte Eier und Paniermehl auf drei separate Teller verteilen. Kabeljaufilets erst in Mehl, dann in Ei und zum Schluss in Paniermehl wälzen. Anschließend ein zweites Mal auf diese Weise panieren.

5. Etwas Öl in eine antihaftbeschichtete Pfanne geben und den panierten Fisch auf jeder Seite 6 Minuten goldbraun braten. Im vorgeheizten Ofen bei 180 °C weitere 5 Minuten backen.

6. Vom Kerbel die Blättchen abzupfen. Fisch mit dem Püree servieren und mit Kerbel bestreuen. Auf dem Teller salzen und pfeffern.

Dazu können Sie einige Zitronenviertel reichen.

HAUPTGERICHTE

Für das Baby

AB 4 MONATEN
fein püriert

Nach Schritt 3 30 g Selleriepüree beiseitestellen.

 In diesem Alter darf Ihr Baby erhitzte Vollmilch nur in Gerichten verarbeitet zu sich nehmen.

AB 6 MONATEN
püriert

Nach Schritt 3 200 g Selleriepüree und **nach Schritt 5** 10 g Kabeljau beiseitestellen.
Panade entfernen und den Kabeljau fein hacken.

 Hier brauchen Sie kein Fett zuzugeben, da das Püree bereits Butter enthält.

AB 8 MONATEN
passiert

Nach Schritt 3 200 g Selleriepüree und **nach Schritt 5** 20 g Kabeljau beiseitestellen.
Panierten Fisch hacken.

AB 12 MONATEN
stückig

Nach Schritt 3 200 g Selleriepüree und **nach Schritt 5** 30 g Kabeljau beiseitestellen.
Fisch in kleine Stücke schneiden.

Risotto mit Lauch und Kabeljau

 45 Min.   25 Min.
 4 Pers.   Herbst Winter

Zutaten

- 200 g Risottoreis (Carnaroli)
- 5 Lauchstangen, weiße Teile
- 4 Kabeljaufilets (je 120 g)
- 1 Bio-Limette
- 60 g Parmesan, gerieben
- 100 g kalte Schlagsahne (pasteurisiert)

Außerdem

4 Korianderblättchen
1 Schalotte
1 Knoblauchzehe
25 g Butter
1 l Gemüsebrühe
Salz und Pfeffer

1. Kabeljaufilets auf einen Teller mit Backpapier legen. Salzen und pfeffern (außer der Babyportion).
2. Limette waschen, Schale in Zesten schneiden. Koriandergrün hacken. Beides auf die Fische verteilen (auch die Babyportion).
3. Im vorgeheizten Ofen mindestens 45 Minuten bei 75 °C backen. Die Ofentür dabei geschlossen halten.
4. Inzwischen den Lauch waschen und fein hacken. Schalotte und Knoblauch schälen, vom Keim befreien und sehr fein würfeln. Butter in einem Topf zerlassen und Lauch, Schalotte und Knoblauch 10 Minuten anschwitzen.
5. Reis dazugeben und umrühren, bis er glasig aussieht. So viel Brühe zugießen, dass der Reis gerade bedeckt ist. Unter Rühren kochen, bis der Reis gar ist. Bei Bedarf Brühe nachgießen.
6. Wenn der Reis fast gar ist, geriebenen Parmesan unterrühren.
7. Sahne mit dem elektrischen Handrührgerät steif schlagen und direkt vor dem Servieren unter den Risotto heben. Mit dem Fisch servieren.

Der Fisch kann bei 75 °C bis zu 2 Stunden bzw. bis zum Servieren im Ofen bleiben, er übergart dort nicht.
Wenn Sie kein elektrisches Handrührgerät haben, können Sie die Sahne auch gleichzeitig mit dem Parmesan unterheben.

HAUPTGERICHTE

Für das Baby

AB 4 MONATEN

fein püriert

Nach Schritt 4 30 g Lauch beiseitestellen. Fein pürieren.

 Wenn Ihr Baby den Lauch nicht mag, können Sie ihn mit Kartoffel mischen, um den Geschmack abzumildern.

AB 6 MONATEN

püriert

Nach Schritt 3 10 g Kabeljau und **nach Schritt 4** 200 g Lauch plus 5 g Butter beiseitestellen.
Lauch mit dem Fett fein pürieren.
Kabeljau fein hacken.

AB 8 MONATEN

passiert

Nach Schritt 3 20 g Kabeljau, **nach Schritt 4** 100 g Lauch und **nach Schritt 6** 50 g Reis plus 5 g Fett und 10 g geriebenen Parmesan beiseitestellen. Lauch mit dem Fett fein pürieren. Reis 10 Minuten in einem kleinen Topf fertig garen, dabei nur noch Wasser zugießen. Kabeljau klein hacken.

 Die Reiskörner bei Bedarf zerdrücken.

AB 12 MONATEN

stückig

Nach Schritt 3 30 g Kabeljau und **nach Schritt 7** 120 g Risotto beiseitestellen. Kabeljau in Stücke schneiden.

REZEPTE

Gnocchi mit Blumenkohl und Seelachs

 1 Std. 15 Min. 40 Min.

 4 Pers. Herbst Winter

Zutaten

| 1 kg große festkochende Kartoffeln (La Ratte) | 1 Blumenkohl | 600 g Seelachsfilet in Stücken | 150 g Parmesan, gerieben | ½ Bund Petersilie | 150 g Haselnusskerne |

Außerdem

Olivenöl
1 Ei + 1 Eigelb
300 g Mehl
1 Knoblauchzehe
1 Stück Butter
250 g Crème fraîche (pasteurisiert)
Salz und Pfeffer

1. Kartoffeln in eine ofenfeste Form legen. Im vorgeheizten Ofen 45 Minuten bei 200 °C backen.

2. Schälen und durch die Gemüsemühle passieren. Etwas Öl unterrühren. Eier dazugeben und verrühren. Mehl und Parmesan untermengen, bis eine Paste entsteht.

3. Hände und Arbeitsfläche bemehlen. Aus etwas Teig erst eine Kugel, dann eine lange Wurst mit 2 cm Durchmesser rollen. In 2 cm lange Stücke schneiden (die Gnocchi sollten je etwa 10 g wiegen). Jedes Stück zwischen den Händen und dann über die Zinken einer Gabel rollen.

4. Wasser zum Kochen bringen, Gnocchi hineingeben. Wenn sie an die Oberfläche steigen, mit einem Schaumlöffel herausheben, abtropfen lassen und unter kaltem Wasser abschrecken. Mit 1 EL Öl mischen, damit sie nicht zusammenkleben.

5. Knoblauch schälen, vom Keim befreien. Petersilie waschen und hacken. Seelachsstücke mit Knoblauch und Petersilie 10 Minuten in einer Pfanne mit etwas Öl anbraten.

6. Haselnüsse zerstoßen und ohne Fett einige Minuten in einer heißen Pfanne rösten.

7. Blumenkohl klein schneiden und in einer Pfanne mit Butter andünsten. Nach 3 Minuten Wasser angießen, Deckel aufsetzen und 5 Minuten unter gelegentlichem Rühren weiterdünsten.

8. Nüsse und Crème fraîche dazugeben. 5–6 Minuten einkochen lassen. Gnocchi und Fisch vorsichtig in die Pfanne geben. Auf dem Teller salzen und pfeffern.

HAUPTGERICHTE

Für das Baby

AB 4 MONATEN

fein püriert

Nach Schritt 1 30 g Kartoffeln beiseitestellen. Schälen und glatt pürieren.

 Sie können Muttermilch oder Säuglingsnahrung dazugeben, damit der Brei glatter wird.

AB 6 MONATEN

püriert

Nach Schritt 1 100 g Kartoffeln, **nach Schritt 5** 10 g Seelachs und **nach Schritt 7** 100 g Blumenkohl plus 5 g Butter beiseitestellen. Kartoffeln schälen und mit Blumenkohl und Butter durch eine Gemüsemühle mit feinem Bodensieb glatt passieren. Seelachs fein hacken.

AB 8 MONATEN

passiert

Nach Schritt 1 100 g Kartoffeln, **nach Schritt 5** 20 g Seelachs, **nach Schritt 6** ein paar geröstete Nüsse und **nach Schritt 7** 100 g Blumenkohl plus 5 g Butter beiseitestellen.
Kartoffeln schälen und mit Blumenkohl und Butter durch eine Gemüsemühle mit mittelfeinem Bodensieb glatt passieren. Mit Nüssen bestreuen. Seelachs hacken.

AB 12 MONATEN

stückig

Nach Schritt 8 30 g Seelachs und 120–150 g Gnocchi aus der Pfanne nehmen und vor dem Salzen und Pfeffern beiseitestellen. 5 g Fett unter die Gnocchipfanne mischen.

REZEPTE

Hechtnocken mit Brokkoli

 40 Min.

 30 Min. (+ 1 Std. 15)

 4 Pers.

Herbst Winter

Zutaten

200 g
Hecht (ohne Haut und Gräten)

1
Brokkoli

200 ml
Vollmilch

180 g
Butter

260 g
Mehl

4 + 2
Eier + Eiweiß

Außerdem

1 Prise Muskatnuss
Pflanzenöl
1 Knoblauchzehe
300 g Béchamelsauce
Salz und Pfeffer

1. Milch mit 40 g Butter in einem Topf zum Kochen bringen. Vom Herd nehmen, Mehl erst mit dem Schneebesen, dann mit dem Pfannenwender unterrühren. Bei sehr schwacher Hitze unter Rühren trocknen. 1 Stunde 15 Minuten im Kühlschrank ruhen lassen.

2. Hechtfleisch fein pürieren. Mit Muskatnuss würzen. Pürierten Fisch durch ein Sieb streichen, bis er glatt ist wie der Teig im Kühlschrank.

3. Hechtpüree in der Küchenmaschine mit den Eiweiß und dem kalten Teig vermengen. Die ganzen Eier dazugeben, dann die restliche Butter. Die Masse sollte locker und homogen sein.

4. Einen großen Topf Wasser zum Kochen bringen, dann die Hitze reduzieren.

5. Mit zwei Esslöffeln Nocken aus der Masse formen. 12–15 Minuten in siedendem Wasser pochieren; nach der Hälfte der Garzeit wenden. Mit einem Schaumlöffel herausheben und auf Küchenpapier abtropfen lassen.

6. Brokkoliröschen 3–4 Minuten in einem Topf mit Wasser blanchieren. Abtropfen lassen und in einer heißen Pfanne in etwas Öl andünsten.

7. Knoblauch schälen und vom Keim befreien. Klein schneiden und auf dem Brokkoli verteilen. 5 Minuten kochen lassen.

8. Nocken und Brokkoli in einer Auflaufform verteilen. Béchamelsauce darübergießen, im vorgeheizten Ofen 10 Minuten bei 180 °C unter dem Grill überbacken. Auf dem Teller salzen und pfeffern.

HAUPTGERICHTE

Für das Baby

AB 4 MONATEN

fein püriert

Nach Schritt 6 30 g Brokkoli beiseitestellen.
Glatt pürieren.

 Sie können Muttermilch oder Säuglingsnahrung dazugeben, damit der Brei glatter wird.

AB 6 MONATEN

püriert

Nach Schritt 5 10 g Nocken und **nach Schritt 6** 200 g Brokkoli plus g Béchamelsauce beiseitestellen. Brokkoli glatt pürieren. Nocke mit der Béchamelsauce fein hacken.

AB 8 MONATEN

passiert

Nach Schritt 5 20 g Nocken und **nach Schritt 6** 200 g Brokkoli plus 10 g Béchamelsauce beiseitestellen. Brokkoli grob pürieren. Nocken mit der Béchamelsauce mit der Gabel zerdrücken.

AB 12 MONATEN

stückig

150 g Nocken mit Brokkoli servieren.

 Dieses Gericht kann Ihr Baby schon wie die Großen essen!

Pizza mit Thunfisch, Kapern und Oliven

 30 Min.

 30 Min. (+ 1 Std.)

 4 Pers.

 ganzjährig

Zutaten (Belag)

200 g Thunfisch ohne Öl

30 g Kapern

150 g Comté (pasteurisiert), gerieben

8 schwarze Oliven, entsteint

Außerdem

Für den Teig:
250 g Mehl
1 Prise Salz
1 Päckchen Trockenhefe
3 EL Olivenöl

Für die Sauce:
1 Zwiebel
1 Knoblauchzehe
500 g Tomaten
Olivenöl
1 Stück Würfelzucker
2 EL Tomatenmark
1 TL Kreuzkümmel
1 Lorbeerblatt
1 TL Thymian
Salz

1. Für den Teig Mehl und Salz mischen. Hefe untermischen, 150 ml lauwarmes Wasser zugießen und alles verkneten. Öl zugießen und den Teig noch mindestens 5 Minuten weiterkneten, bis er glatt ist und sich vom Schüsselrand löst. Mit einem Geschirrtuch abdecken und an einem warmen Ort 1 Stunde gehen lassen, bis er sein Volumen verdoppelt hat.

2. Inzwischen die Sauce zubereiten: Zwiebel und Knoblauch schälen und hacken. Tomaten häuten, Kerne entfernen.

3. In einem Schmortopf etwas Öl erhitzen. Zwiebel und Knoblauch hineingeben und 2 Minuten andünsten. Salzen, dann Zucker, Tomaten und Tomatenmark, Kreuzkümmel, Lorbeer und Thymian dazugeben. 15 Minuten köcheln lassen. Lorbeerblatt entfernen und die Sauce fein pürieren. Abkühlen lassen.

4. Teig mit den Händen oder einer Teigrolle auf einer bemehlten Arbeitsfläche zu einem Kreis ausrollen. Auf ein Backblech mit Backpapier legen.

5. Thunfisch abtropfen lassen und zerbröckeln.

6. Pizza mit Tomatensauce bestreichen und Thunfisch, Kapern, geriebenen Käse und Oliven darauf verteilen. Im vorgeheizten Ofen in 10 Minuten bei 250 °C goldbraun backen.

HAUPTGERICHTE

Für das Baby

AB 4 MONATEN

fein püriert

Nach Schritt 2 30 g Tomate beiseitestellen.
2 Minuten erhitzen. Fein pürieren, lauwarm servieren.

 Sie können den Tomatenbrei auch kalt anbieten.

AB 6 MONATEN

püriert

Nach Schritt 2 200 g Tomaten und **nach Schritt 5** 10 g Thunfisch plus 5 g Öl und Thymian beiseitestellen.
Die Tomaten 3 Minuten in einem kleinen Topf erhitzen, dann mit etwas Öl zu einer glatten Suppe pürieren.
Den Thunfisch in einer kleinen Pfanne 5 Minuten mit Thymian und Öl anbraten und zerpflücken.

AB 8 MONATEN

passiert

Nach Schritt 2 200 g Tomaten und **nach Schritt 5** 20 g Thunfisch plus 5 g Öl und Thymian beiseitestellen.
Die Tomaten 3 Minuten in einem kleinen Topf erhitzen, dann mit etwas Öl zu einer glatten Suppe pürieren.
Den Thunfisch in einer kleinen Pfanne 5 Minuten mit Thymian und Öl anbraten und zerpflücken.

AB 12 MONATEN

stückig

Ein kleines Stück Pizza servieren und klein schneiden

 Für eine ausgewogene Mahlzeit können Sie zur Pizza etwas Gemüsepüree servieren.

Papidounes einfache Fischsuppe

 1 Std.
 15 Min.
 4 Pers.
 Herbst Winter

Zutaten

400 g
Seeteufel
in Stücken

300 ml
Fischfond

300 g
Kartoffeln

1
Fenchelknolle

2
Stangen
Sellerie

Außerdem

1 Zwiebel
1 Knoblauchzehe
2 EL Olivenöl
Thymian und Lorbeer
50 g passierte Tomaten
1 Bund Dill

1. Kartoffeln schälen und waschen. In Viertel schneiden.
2. Fenchel und Sellerie waschen und klein schneiden. Zwiebel und Knoblauch fein hacken. Dill waschen und hacken.
3. Fischfond in einem kleinen Topf erhitzen.
4. Öl in einen zweiten Topf geben und Zwiebel, Fenchel, Sellerie und Fischschnittreste 10 Minuten anschwitzen.
5. Knoblauch, Thymian, Lorbeer zugeben, 3 Minuten mitdünsten.
6. Passierte Tomaten dazugeben, Fischfond zugießen und alles zum Kochen bringen. Mit Wasser bedecken und 20 Minuten einkochen lassen, dabei gelegentlich abschäumen.
7. Vom Herd nehmen und die Suppe glatt pürieren. Durch ein feines Sieb abgießen.
8. Die Suppe mit Seeteufelstücken und Kartoffeln für 15 Minuten wieder bei schwacher Hitze köcheln.
9. Mit Dill bestreuen und auf dem Teller salzen und pfeffern.

HAUPTGERICHTE

Für das Baby

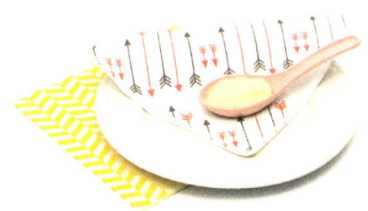

AB 4 MONATEN
fein püriert

Nach Schritt 1 30 g Kartoffeln beiseitestellen. Dampfgaren, durch eine Gemüsemühle passieren und mit Säuglingsnahrung mischen.

 Verwenden Sie keinen Mixer, da der Brei sonst zu klebrig wird und für das Baby schwer zu schlucken ist. Verdünnen Sie den Brei bei Bedarf mit etwas Suppe.

AB 6 MONATEN
püriert

Nach Schritt 8 200 g Kartoffeln und 10 g Seeteufel plus 5 g Butter beiseitestellen. Kartoffeln durch eine Gemüsemühle passieren und Butter unterrühren. Seeteufel fein hacken.

 Verwenden Sie keinen Mixer, da der Brei sonst zu klebrig wird und für das Baby schwer zu schlucken ist.
Die Butter können Sie auch durch Margarine oder Öl ersetzen.

AB 8 MONATEN
passiert

Nach Schritt 8 200 g Kartoffeln und 20 g Seeteufel plus 5 g Butter beiseitestellen. Kartoffeln durch eine Gemüsemühle (mit mittelfeinem Bodensieb) passieren und Butter unterrühren. Seeteufel fein hacken.

 Sie können die Kartoffeln auch mit einer Gabel zerdrücken.

AB 12 MONATEN
stückig

150 g Kartoffeln in Stücken, 30 g Seeteufel und etwas Suppe plus 5 g Butter servieren.
Butter zu den Kartoffeln geben.

REZEPTE

Rettichcreme mit Jakobsmuscheln

 25 Min.   25 Min.

 4 Pers. Herbst Winter

Zutaten

500 g schwarzer Rettich	34 ausgelöste Jakobsmuscheln, ohne Corail	250 g Kartoffeln	100 g Crème fraîche (pasteurisiert)	½ Bund Koriandergrün

Außerdem

Haselnussöl
Olivenöl
Salz und Pfeffer

1. Rettich und Kartoffeln schälen und in Stücke schneiden. Koriandergrün waschen und hacken.
2. In einem Topf mit Wasser 20 Minuten zusammen kochen lassen. Abtropfen lassen und das Kochwasser aufheben, um bei Bedarf die Suppe damit zu verdünnen.
3. Crème fraîche und etwas Haselnussöl dazugeben und pürieren. Nach Bedarf Kochwasser zugießen und erneut pürieren, bis die Suppe sämig ist.
4. Etwas Olivenöl in eine Pfanne geben und die Muscheln mit dem Koriandergrün 5 Minuten anbraten.
5. Auf Teller verteilen, mit der Rettichcreme übergießen und salzen und pfeffern.

Für die Erwachsenen können die Jakobsmuscheln auch roh in die heiße Suppe gegeben werden, sie garen dort von allein.

HAUPTGERICHTE

Für das Baby

AB 4 MONATEN

fein püriert

Nach Schritt 2 30 g Rettich beiseitestellen.
Mit etwas Kochwasser fein pürieren.

 Wenn der Brei zu dünn ist, können Sie etwas Kartoffel mitpürieren. Verdünnen Sie die Suppe nach Bedarf mit Muttermilch oder Säuglingsnahrung.

AB 6 MONATEN

püriert

Nach Schritt 3 200 g Rettichcreme und **nach Schritt 4** 10 g Jakobsmuscheln beiseitestellen. Muschelfleisch pürieren.

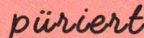 Achtung: Haselnussöl muss zuvor schon eingeführt worden sein, um jedem Allergierisiko vorzubeugen. Es sorgt hier für die Fettzufuhr, aber im Fall einer Allergie können Sie es auch durch Oliven- oder Sesamöl ersetzen.

AB 8 MONATEN

passiert

Nach Schritt 3 200 g Rettichcreme und **nach Schritt 4** 20 g Jakobsmuscheln beiseitestellen. Muschelfleisch hacken.

AB 12 MONATEN

stückig

Nach Schritt 3 150 g Rettichcreme und **nach Schritt 4** 30 g Jakobsmuscheln beiseitestellen.
Muschelfleisch in kleine Stücke schneiden.

REZEPTE

Oma Pascales Ratatouille

 45 Min. 30 Min.

 4 Pers. Frühling Sommer

Zutaten

 1,5 kg reife Tomaten

 1 kg Auberginen

 3–4 Paprikaschoten (grün und rot)

 1 kg Zucchini

 1 weiße Zwiebel

 4 Zehen Knoblauch

Außerdem

Olivenöl
Thymian und Lorbeer
Salz und Pfeffer

1. Gemüse bis auf die Zucchini schälen. Tomaten und Auberginen separat in Stücke schneiden. Paprikaschoten von den Kernen befreien und in Streifen schneiden. Zucchini grob würfeln. Zwiebel und Knoblauch fein hacken.

2. Etwas Öl in einen Schmortopf geben und Zwiebel bei schwacher Hitze darin anschwitzen.

3. Knoblauch und abgezupfte Thymianblättchen dazugeben, dann die Tomaten und den Lorbeer. 10 Minuten bei schwacher Hitze unter regelmäßigem Rühren kochen lassen.

4. Für 5 Minuten bei starker Hitze kochen. Paprika, Auberginen und zuletzt Zucchini in den Schmortopf geben. Umrühren und 25 Minuten kochen lassen.

5. Auf Teller verteilen, salzen und pfeffern.

Um die Aromen in diesem Gericht zu verstärken, können Sie 1 Handvoll schwarze Oliven dazugeben. Wenn das Gericht mehr Kohlenhydrate enthalten soll, können Sie es auch mit Reis aufpeppen.

HAUPTGERICHTE

Für das Baby

AB 4 MONATEN

fein püriert

Nach Schritt 1 30 g Tomate beiseitestellen.
2 Minuten erhitzen. Fein pürieren und lauwarm servieren.

 Sie können den Tomatenbrei auch kalt anbieten.

AB 6 MONATEN

püriert

Nach Schritt 4 200 g Gemüse plus 5 g Fett beiseitestellen.
Alles pürieren.

AB 8 MONATEN

passiert

Nach Schritt 4 200 g Gemüse plus 5 g Fett beiseitestellen.
Alles passieren.

AB 12 MONATEN

stückig

Nach Schritt 4 180 g Gemüse plus 5 g Fett beiseitestellen.
Ratatouille wie für die Erwachsenen servieren.

REZEPTE

Polenta-Auberginen-Mozzarella-Gratin

 45 Min. 25 Min.

 4 Pers.  Sommer

Zutaten

- 150 g Polenta
- 3 große Auberginen
- 4 Kugeln Mozzarella
- 1 Ochsenherztomate
- 750 ml Milch
- 1 Bund Basilikum

Außerdem

50 g Butter
Olivenöl
Salz und Pfeffer

1. Polenta nach Packungsanleitung mit der Milch kochen. Am Ende der Garzeit die Butter dazugeben und gut unterrühren.
2. Auberginen waschen und in dicke Scheiben schneiden.
3. Öl in einer Pfanne erhitzen und die Auberginenscheiben 10 Minuten von beiden Seiten goldbraun braten. Auf Küchenpapier beiseitelegen.
4. Basilikum waschen und hacken. Tomate häuten, vierteln und Kerne entfernen. Mozzarella in dünne Scheiben schneiden.
5. In einer Auflaufform je 1 Schicht Auberginen, Mozzarella und Tomate verteilen. Mit Basilikum bestreuen und mit Polenta bedecken. Zutaten auf diese Weise einschichten, bis sie aufgebraucht sind. Mit 1 Schicht Mozzarella abschließen.
6. Im vorgeheizten Ofen 15 Minuten bei 200 °C backen, bis der Mozzarella zerlaufen ist.
7. Servieren und auf dem Teller salzen und pfeffern

HAUPTGERICHTE

Für das Baby

AB 4 MONATEN

fein püriert

Nach Schritt 3 30 g Aubergine beiseitestellen. Haut abziehen und fein pürieren.

 Sie können Muttermilch oder Säuglingsnahrung dazugeben, damit der Brei glatter wird.

AB 6 MONATEN

püriert

Nach Schritt 3 200 g Aubergine beiseitestellen. Haut abziehen und glatt pürieren.

AB 8 MONATEN

passiert

Nach Schritt 1 50 g Polenta und **nach Schritt 3** 150 g Aubergine beiseitestellen. Haut abziehen und die Aubergine im Mixer kurz zu einem groben Püree verarbeiten.
Polenta untermischen.

AB 12 MONATEN

stückig

120 g Polenta-Gratin servieren. Gratin in Stücke schneiden.

REZEPTE

Sechs-Gemüse-Suppe

 45 Min.   25 Min.

 4 Pers.   Herbst Winter

Zutaten

2
Lauchstangen
(weiße Teile)

4
Speiserüben

4
Kartoffeln

2
Möhren

2 Stangen
Sellerie

500 g
Spinat

Außerdem

1 Zwiebel
3 Knoblauchzehen
Olivenöl
250 g Crème fraîche (pasteurisiert)
Salz

1. Lauchstangen längs halbieren und waschen. Fein hacken. Rüben, Kartoffeln, Möhren, Zwiebel und Knoblauch schälen. Alles separat in Stücke schneiden. Sellerie von den Fäden befreien und in Stücke schneiden. Spinat hacken.

2. Etwas Öl in einen Topf geben und Lauch, Zwiebel und Knoblauch dazugeben. Alles anschwitzen.

3. Möhren, Kartoffeln und Rüben dazugeben. Umrühren und 15 Minuten dünsten.

4. Sellerie und anschließend Spinat dazugeben. 10 Minuten unter gelegentlichem Rühren weiterdünsten.

5. 1 Liter Wasser zugießen, umrühren, Deckel aufsetzen und 15 Minuten kochen lassen.

6. Vom Herd nehmen und gründlich pürieren.

7. Crème fraîche dazugeben und unterrühren. Auf Suppenteller verteilen und im Teller salzen.

Diese Suppe kann je nach Vorlieben und Jahreszeit auf viele Arten abgewandelt werden: mit Kürbis, Brokkoli, Spargel etc. Noch aromatischer wird die Suppe mit kleinen Würfeln Abondance (Rohmilchkäse) oder Comté.

HAUPTGERICHTE

Für das Baby

AB 4 MONATEN

fein püriert

Nach Schritt 6 30 g Suppe beiseitestellen.

 Sie können Muttermilch oder Säuglingsnahrung dazugeben, um die Suppe schmackhafter zu machen.

AB 6 MONATEN

püriert

200 g Sechs-Gemüse-Suppe servieren.

AB 8 MONATEN

passiert

200 g Sechs-Gemüse-Suppe servieren.

AB 12 MONATEN

stückig

200 g Sechs-Gemüse-Suppe servieren.

REZEPTE

Oma Paulettes Pestosuppe

 30 Min. 25 Min.

4 Pers. Herbst Winter

Zutaten

120 g + 120 g	120 g + 120 g	1 kg	1 kg	1 Bund	150 g
grüne Bohnen/ breite Bohnen	weiße Bohnen/ rote Bohnen aus der Dose	Kartoffeln	Tomaten	Basilikum	kleine Muschelnudeln

Außerdem

750 g Möhren
2 Knoblauchzehen
1 l Gemüsebrühe
Olivenöl
Salz und Pfeffer

1. Blätter vom Basilikum abzupfen und waschen. Knoblauch schälen. Knoblauch und Basilikum im Mörser zu einer Paste reiben, in eine Schüssel füllen und etwas Öl dazugeben.

2. Enden der grünen und breiten Bohnen abschneiden. In 1 cm lange Stücke schneiden.

3. Weiße und rote Bohnen abtropfen lassen. Unter fließendem kaltem Wasser waschen.

4. Kartoffeln und Möhren schälen, dann in 1 cm große Würfel schneiden.

5. Tomaten häuten und ebenfalls in 1 cm große Würfel schneiden.

6. Gemüsebrühe in einem Topf erhitzen, Gemüse hineingeben. Deckel aufsetzen und 20 Minuten köcheln lassen.

7. Nudeln und Pesto dazugeben. 10 Minuten zugedeckt weiterkochen. Servieren und auf dem Teller würzen.

Sie können auch eine kleine Schweinshachse dazugeben, um die Brühe kräftiger zu machen.

HAUPTGERICHTE

Für das Baby

AB 4 MONATEN

fein püriert

Nach Schritt 2 30 g grüne Bohnen beiseitestellen.
15 Minuten in Wasser kochen. So lange pürieren, bis ein glatter Brei entsteht.

 Wenn Ihnen die Konsistenz nicht zusagt, können Sie eine kleine Kartoffel dazugeben.

AB 6 MONATEN

püriert

Nach Schritt 2 75 g grüne und 75 g breite Bohnen, **nach Schritt 4** 75 g Möhre plus 5 g Butter beiseitestellen.
Möhre 25 Minuten in Wasser kochen, dann die grünen und breiten Bohnen dazugeben. 15 Minuten weiterkochen.
Alles zusammen mit der Butter pürieren und mit Wasser auf die gewünschte Konistenz verdünnen.

 Mit etwas Muttermilch oder Säuglingsnahrung wird der Brei noch schmackhafter.

AB 8 MONATEN

passiert

Nach Schritt 2 75 g grüne und 75 g breite Bohnen, **nach Schritt 4** 75 g Möhre plus 60 g ungekochte Nudeln und 5 g Butter beiseitestellen.
Möhre mit den Nudeln 25 Minuten in Wasser kochen, dann die grünen und breiten Bohnen dazugeben. 15 Minuten weiterkochen. Gemüse mit der Butter passieren und mit Wasser auf die gewünschte Konistenz verdünnen. Mit den Nudeln servieren.

AB 15 MONATEN

stückig

120–150 g Pestosuppe servieren.

 Hülsenfrüchte wie weiße und rote Bohnen werden erst ab 15 Monaten eingeführt. Da sie sehr ballaststoffreich sind, können sie sonst bei Ihrem Kind Verdauungsstörungen hervorrufen, da sein Verdauungssystem noch nicht ausgereift ist.

REZEPTE

Polnische Rote-Bete-Suppe

 50 Min.   25 Min.

 4 Pers. Herbst Winter

Zutaten

| 4 junge rote Bete mit Blättern | 3 Eier | 3 Kartoffeln | 1 Möhre | 1 rote Zwiebel | 1 Zitrone |

Außerdem

½ Bund Petersilie
½ Bund Dill
Olivenöl
60 g Butter
1 Lorbeerblatt
Crème fraîche (pasteurisiert)
Salz und Pfeffer

1. Die Eier 9 Minuten in siedendem Wasser hart kochen. Pellen und vierteln.

2. In einem anderen Topf die Kartoffeln in 15–20 Minuten weich kochen.

3. Kräuter waschen und fein hacken. Beten, Möhre und Zwiebel schälen, Kartoffeln pellen und alles separat in kleine Stücke schneiden. Rote-Bete-Blätter fein hacken.

4. Etwas Öl und Butter in einen Topf geben. Rote Beten (Blätter und Stücke), Zwiebel, Möhre und Lorbeerblatt dazugeben. 10 Minuten andünsten.

5. 1 Liter Wasser zugießen und 15–20 Minuten kochen lassen. Zitrone auspressen, Saft dazugeben, Lorbeer entfernen und alles pürieren.

6. Crème fraîche unterrühren. Suppe in eine Terrine füllen, Kartoffeln und mit Kräuter bestreute Eier darauf verteilen. Auf dem Teller salzen und pfeffern.

Mit 1 Messerspitze Chilipulver bekommt die Suppe noch mehr Pep.

HAUPTGERICHTE

Für das Baby

fein püriert

Nach Schritt 5 30 g Suppe beiseitestellen.

AB 6 MONATEN

püriert

Nach Schritt 1 10 g Ei und **nach Schritt 5** 200 g Suppe plus 5 g Fett beiseitestellen.
Fett in die Suppe rühren. Ei hacken.

AB 8 MONATEN

passiert

Nach Schritt 1 20 g Ei und **nach Schritt 5** 200 g Suppe plus 5 g Fett beiseitestellen.
Fett in die Suppe rühren. Ei hacken.

AB 12 MONATEN

stückig

Nach Schritt 1 30 g Ei und **nach Schritt 6** vor dem Würzen 200 g Suppe beiseitestellen.
Ei in Stücke schneiden.

REZEPTE

Oma Patricias Shakshuka mit Eiern

 40 Min.   15 Min.

 4 Pers. Frühling Sommer

Zutaten

4	5	3 + 3	1	4 Zehen	250 g
Eier	reife Tomaten	Paprikaschoten (grün/rot)	weiße Zwiebel	Knoblauch	passierte Tomaten

Außerdem

Olivenöl
Thymian und Lorbeer
Salz und Pfeffer

1. Tomaten und Paprika häuten, Zwiebel und Knoblauch schälen. Kerne aus Tomaten und Paprika entfernen und in Spalten bzw. Streifen schneiden. Zwiebel und Knoblauch fein hacken.
2. Etwas Öl in einen Schmortopf geben und die Zwiebel bei schwacher Hitze anschwitzen.
3. Knoblauch und Thymian dazugeben und 4 Minuten andünsten.
4. Tomaten, passierte Tomaten und Lorbeer dazugeben. 10 Minuten unter regelmäßigem Rühren kochen lassen.
5. Auf starke Hitze erhöhen. Paprikastreifen dazugeben, unterrühren und 10 Minuten kochen lassen.
6. Topfinhalt in eine ofenfeste Form umfüllen und im vorgeheizten Ofen 25 Minuten bei 180 °C backen.
7. Eier über die Shakshuka schlagen und 3–4 Minuten mitbacken. Das Eigelb sollte noch flüssig sein. Achtung, für das Baby muss das Ei durchgegart sein! Auf dem Teller würzen.

Wer es gern scharf mag, kann nach dem Entnehmen der Babyportion gegrillte grüne Chilischoten oder Harissa dazugeben.

HAUPTGERICHTE

Für das Baby

AB 4 MONATEN
fein püriert

Nach Schritt 1 30 g Tomate beiseitestellen. Gründlich zu einem glatten Brei pürieren. 2 Minuten erhitzen und lauwarm servieren.

AB 6 MONATEN
püriert

Nach Schritt 7 200 g Gemüse vor dem Würzen und 10 g Ei plus 5 g Fett beiseitelegen.
Die Garzeit des Eis auf insgesamt 9 Minuten verlängern, damit es komplett durchgegart ist. Alles zusammen pürieren.

AB 8 MONATEN
passiert

Nach Schritt 7 200 g Gemüse vor dem Würzen und 20 g Ei plus 5 g Fett beiseitestellen.
Die Garzeit des Eis auf insgesamt 9 Minuten verlängern, damit es komplett durchgegart ist. Alles zusammen passieren.

AB 12 MONATEN
stückig

Nach Schritt 7 150 g Gemüse vor dem Würzen und 30 g Ei plus 5 g Fett beiseitelegen.
Die Shakshuka wie für die Großen servieren, aber mit durchgegartem Ei.

ANMERKUNGEN DER AUTORINNEN

• Die Mengenangaben beziehen sich auf die Familienmahlzeit. Denken Sie beim Einkauf daran, die in den Babyrezepten angegebenen Mengen hinzuzufügen.

• Die Art der Fette ist nicht immer angegeben, da es für die Ernährung Ihres Kindes wichtig ist, sie zu variieren.

Desserts

Melonen-Gazpacho mit Zitronenverbene ... 196
Obstpäckchen mit Gewürzen ... 198
Christelles Beeren-Crumble ... 200
Bratäpfel mit Gewürzen ... 202
Milchreis mit Birnen ... 204
Pfirsich-Vanille-Tiramisu ... 206
Mango-Passionsfrucht-Mousse ... 208
Flan ... 210
Oma Roses Clafoutis ... 212
Oma Patricias Apfeltarte ... 214
Rote-Johannisbeer-Tarte ... 216
Himbeer-Charlotte ... 218
Vanillekuchen mit Mangopüree ... 220
Kiwi-Muffins ... 222
Apfelkuchen ... 224
Schoko-Bananen-Kuchen ... 226
Oma Roses Weihnachtskuchen ... 228
Hippen ... 230
Katzenzungen mit Rosinen ... 232
Mandelkuchen mit Pistazien und Himbeeren ... 234
Oma Patricias Zitronen-Madeleines ... 236
Französische Brioche ... 238
Bananencrêpes ... 240
Himbeerwaffeln ... 242
Ananas-Limette-Minze-Sorbet ... 244

Melonen-Gazpacho mit Zitronenverbene

 —
 15 Min.
 4 Pers.
 Frühling Sommer

Zutaten

1
reife
Zuckermelone

1 kleine
Wassermelone

6 Blatt
Zitronenverbene

30 g
frischer Ingwer

1. Zuckermelone, Wassermelone und Ingwer schälen, Melonenkerne entfernen. Alles in kleine Stücke schneiden.

2. Zuckermelone pürieren.

3. Gehackte Zitronenverbene zufügen und erneut pürieren.

4. Wassermelone mit Ingwer in den Mixer geben und pürieren.

5. Beide Pürees in den Kühlschrank stellen.

6. Direkt vor dem Servieren beide Pürees mit der Gabel durchrühren, damit sie homogen sind.

7. Jedes Dessertglas zur Hälfte mit Zuckermelonen-Gazpacho füllen und mit Wassermelonen-Gazpacho auffüllen. Dabei vorsichtig gießen, damit sich die Farben nicht vermischen. Gut gekühlt servieren.

Sie können die Melonensorten auch zusammen pürieren. Vergessen Sie dann nicht, die Gazpachos vor dem Servieren gut umzurühren.

DESSERTS

Für das Baby

AB 4 MONATEN

fein püriert

Nach Schritt 2 30–40 g Zuckermelone beiseitestellen.

 Reif geerntetes Obst der Saison können Sie Ihrem Baby auch ungekocht anbieten.

AB 6 MONATEN

püriert

Nach Schritt 3 80–100 g Zuckermelone beiseitestellen.

AB 8 MONATEN

passiert

Nach Schritt 3 40–50 g Zuckermelone und
nach Schritt 4 40–50 g Wassermelone beiseitestellen.

AB 12 MONATEN

stückig

Nach Schritt 3 40–50 g Zuckermelone und
nach Schritt 4 40–50 g Wassermelone beiseitestellen.
Gut gekühlt mit einem Strohhalm servieren.

REZEPTE

Obstpäckchen mit Gewürzen

 35 Min.   15 Min.

 4 Pers.   Frühling Sommer

Zutaten

1 Ananas

1 Mango

2 Aprikosen

2 gelbe Nektarinen

1 Vanilleschote

4 kleine Zimtstangen

Außerdem
2 Sternanis

1. Alle Früchte schälen und unter kaltem Wasser waschen. Ananas und Mango in kleine Stücke schneiden. Aprikosen und Nektarinen in Spalten schneiden.

2. Vanilleschote längs spalten und das Mark herauskratzen.

3. In einer Schüssel alle Früchte und das Vanillemark vermengen.

4. Das Obst gleichmäßig auf vier Blatt Backpapier verteilen. Auf jede Portion 1 Zimtstange und ½ Sternanis legen.

5. Backpapier oben und an den Seiten mehrmals umschlagen. Im vorgeheizten Ofen 35 Minuten bei 180 °C backen. Vor dem Servieren abkühlen lassen.

6. Die Päckchen ungeöffnet servieren, damit jeder seines selbst öffnen kann.

Dazu je 1 Kugel Eis (Vanille, Walnuss oder Malaga) servieren. Sie können auch etwas stärkere Gewürze wie Kardamom oder eine Gewürznelke verwenden.
Zu den Ofenfrüchten schmeckt auch Sirup mit Likör.

DESSERTS

Für das Baby

AB 4 MONATEN

fein püriert

Nach Schritt 1 30–40 g Ananas beiseitestellen.
In einem Topf mit wenig Wasser kochen, dabei gelegentlich umrühren, damit sie nicht ansetzt.
Glatt pürieren.

 Wenn das Püree nicht glatt genug ist, durch ein feines Sieb streichen. Am besten eignen sich Ananas aus Costa Rica.

AB 6 MONATEN

püriert

Nach Schritt 1 40–50 g Ananas und 40–50 g Mango plus 1 kleines Stück Zimtstange beiseitestellen.
Ananas mit dem Zimt in einem Topf mit wenig Wasser kochen, dabei gelegentlich umrühren, damit sie nicht ansetzt.
Zimtstange herausnehmen und die Ananas mit der Mango glatt pürieren.

AB 8 MONATEN

passiert

Nach Schritt 1 40–50 g Mango und 40–50 g Nektarine und
nach Schritt 2 1 Messerspitze Vanillemark beiseitestellen.
Das Obst mit Vanille grob pürieren.

 Sie können Ihrem Baby alle Früchte aus dem Päckchen anbieten, jedoch sollten Sie sich auf ein Gewürz beschränken, um nicht zu viele Aromen und Geschmacksrichtungen zu vermischen.

AB 12 MONATEN

stückig

80–100 g aus einem Päckchen servieren.

 Sie können Ihrem Kind das Päckchen servieren wie den Großen, öffnen Sie es jedoch vorher und lassen Sie das Obst etwas abkühlen, damit sich Ihr Kind nicht verbrennt. Kleinen Leckermäulchen können Sie dazu 1 kleine Kugel Eis anbieten.

REZEPTE

Christelles Beeren-Crumble

 25 Min.   15 Min.

 4-6 Pers. ☼ Frühling Sommer

Zutaten

| 250 g | 150 g | 150 g | 65 g | 65 g | 125 g |
| Erdbeeren | Brombeeren | Himbeeren | Mehl | gemahlene Mandeln | Rohrzucker |

Außerdem

einige Minzeblätter
65 g Butter

1. Erdbeeren waschen und entstielen, dann vierteln. Brombeeren und Himbeeren waschen.
2. Minze waschen und fein hacken. Früchte in eine ofenfeste Form geben und mit Minze bestreuen.
3. Mehl, gemahlene Mandeln, Rohrzucker und Butter in eine Schüssel geben.
4. Alles mit den Fingern durchkneten, aber nicht zu lange. Die Masse sollte körnig bleiben.
5. Den Crumble auf dem Obst verteilen und im vorgeheizten Ofen 25 Minuten bei 200 °C backen.
6. Lauwarm mit 1 Kugel Vanilleeis servieren.

👨‍🍳 Sie können die Sommerfrüchte auch durch Winterfrüchte ersetzen.
Crumble kann man auch mit herzhaften Füllungen zubereiten, dazu muss nur das Rezept entsprechend angepasst werden.

DESSERTS

Für das Baby

AB 4 MONATEN

fein püriert

Nach Schritt 1 30–40 g Erdbeeren beiseitestellen (oder Brombeeren, falls das Baby Erdbeeren schon probiert hat). Glatt pürieren. Das Erdbeerpüree durch ein Sieb streichen, um die Samen zu entfernen.

 Reif geerntetes Obst der Saison können Sie Ihrem Baby auch ungekocht anbieten.

AB 6 MONATEN

püriert

Nach Schritt 1 40–50 g Erdbeeren und **nach Schritt 2** 40–50 g Brombeeren plus 1 kleine Prise Minze beiseitestellen. Obst mit der Minze mischen. Obstpüree durch ein Sieb streichen, um störende Samen und Minzestückchen zu entfernen.

AB 8 MONATEN

passiert

Nach Schritt 1 40–50 g Erdbeeren, 20–30 g Brombeeren und 20–30 g Himbeeren plus **nach Schritt 2** 1 kleine Prise Minze beiseitestellen.
Obst mit der Minze mischen. Obstpüree durch ein Sieb streichen, um störende Samen und Minzestückchen zu entfernen.

AB 12 MONATEN

stückig

Als Dessert oder Nachmittagssnack 30–40 g Crumble und 50–60 g rohe Früchte servieren.

 Den Crumble können Sie lauwarm servieren.

REZEPTE

Bratäpfel mit Gewürzen

 45 Min.   10 Min.

 4-6 Pers.   Herbst Winter

Zutaten

| 4 Äpfel | 1 Vanilleschote | ½ TL Gewürzmischung aus Pfeffer, Muskat, Nelke und Zimt | 30-40 g Butter | 4 EL Rohrzucker |

1. Vanilleschote längs spalten und das Mark herauskratzen.
2. Äpfel waschen und schälen.
3. In eine ofenfeste Form legen.
4. Butter in einer Schüssel zerlassen, Vanillemark und Gewürzmischung zufügen. Verrühren und den Rohrzucker dazugeben. Erneut verrühren.
5. Die Äpfel mit der Mischung bestreichen. Im vorgeheizten Ofen 40 Minuten bei 200 °C backen, gelegentlich kontrollieren.
6. Während des Garens wiederholt mit der karamellisierenden Zuckerbutter übergießen. Aus dem Ofen nehmen und etwas abkühlen lassen.

Lauwarm mit 1 Kugel Eis oder mit Schokoladensauce servieren.

DESSERTS

Für das Baby

AB 4 MONATEN
fein püriert

Nach Schritt 2 30–40 g Apfel beiseitestellen. In Stücke schneiden, Kerngehäuse entfernen. 10 Minuten in einem Topf mit wenig Wasser zugedeckt kochen lassen, dabei aufpassen, dass er nicht ansetzt. Glatt pürieren.

> Wenn sich der Apfel schwer pürieren lässt, geben Sie etwas Kochwasser dazu.

AB 6 MONATEN
püriert

Nach Schritt 2 80–100 g Apfel plus 1 Messerspitze Gewürzmischung beiseitestellen. Apfel in Stücke schneiden, Kerngehäuse entfernen. Apfel und Gewürze 10 Minuten in einem Topf mit wenig Wasser zugedeckt kochen lassen, dabei aufpassen, dass nichts ansetzt. Glatt pürieren.

> Sie können auch nur Vanille oder gar keine Gewürze zufügen. Wenn sich der Apfel schwer pürieren lässt, geben Sie etwas Kochwasser dazu.

AB 8 MONATEN
passiert

Nach Schritt 2 80–100 g Apfel plus 1 Messerspitze Gewürzmischung beiseitestellen. Apfel in Stücke schneiden, Kerngehäuse entfernen. Apfel und Gewürze 10 Minuten in einem Topf mit wenig Wasser zugedeckt kochen lassen, dabei aufpassen, dass nichts ansetzt. Apfel zerdrücken.

AB 12 MONATEN
stückig

1 Bratapfel servieren.

REZEPTE

Milchreis mit Birnen

 25 Min.   15 Min.

 4–6 Pers.   Herbst Winter

Zutaten

 200 g Milchreis

 600 ml Milch

 4 reife Birnen

 1 Zitrone

 400 g Schlagsahne (pasteurisiert)

 1 Vanilleschote

1. Birnen schälen, Kerngehäuse entfernen, in Stücke schneiden. Mit Zitronensaft beträufeln, damit sie nicht braun werden.

2. Die Hälfte der Birnen mit wenig Wasser in einen Topf geben und in 3–4 Minuten bei schwacher Hitze weich kochen. Pürieren.

3. Reis in einen Topf geben. Milch, Sahne und längs gespaltene Vanilleschote zufügen. Bei schwacher Hitze 20 Minuten unter regelmäßigem Rühren kochen lassen.

4. Reis probieren. Wenn er weich ist, vom Herd nehmen und abkühlen lassen. Birnenkompott zum Reis geben und untermischen.

5. Milchreis auf kleine Souffléförmchen verteilen und die restlichen Birnen fein gewürfelt darüberstreuen.

Für ein besonderes Extra servieren Sie den Milchreis mit Schokoladenspänen.
Sie können auch andere Früchte wie Mangos, Erdbeeren, Himbeeren, Kiwis etc. verwenden.
Die Vollmilch kann durch Kokosmilch ersetzt werden. Noch aromatischer wird das Dessert mit Kokosmehl.

DESSERTS

Für das Baby

AB 4 MONATEN
fein püriert

Nach Schritt 2 30–40 g Birne beiseitestellen.

 Reif geerntetes Obst der Saison können Sie Ihrem Baby auch ungekocht anbieten.

AB 6 MONATEN
püriert

Nach Schritt 2 80–100 g pürierte Birne plus 1 Messerspitze Vanillemark beiseitestellen. Alles vermengen..

AB 8 MONATEN
passiert

Nach Schritt 1 und 2 80–100 g Birnen plus 1 Messerspitze Vanillemark beiseitestellen. Alles vermengen.

 Wenn Ihr Baby reif genug ist, können Sie ihm schon 30 g gekochten Milchreis und 70 g Birnenpüree geben. Fast genau wie die Großen!

AB 12 MONATEN
stückig

1 kleines Souffléförmchen Milchreis servieren.

 Wenn Sie Ihrem Kind diese Portion Milchreis servieren, sollte die Hauptmahlzeit keine stärkehaltigen Nahrungsmittel enthalten – der Reis im Dessert reicht vollkommen aus.

Pfirsich-Vanille-Tiramisu

  — 20 Min.

  4 Pers. Frühling Sommer

Zutaten

4	1	100 g	150 g	16
Pfirsiche	Vanilleschote	Mascarpone (pasteurisiert)	Quark (pasteurisiert)	Löffelbiskuits

Außerdem
1 EL Backkakao

1. Mascarpone mit Quark verrühren.
2. Vanilleschote längs spalten und das Mark herauskratzen.
3. Pfirsiche häuten und entsteinen. Fruchtfleisch in kleine Stücke schneiden.
4. Die Hälfte des Vanillemarks unter die Mascarponemasse rühren, die andere Hälfte unter die Pfirsichstücke.
5. In jedes Dessertglas 2 Löffelbiskuits legen, darauf 1 EL Obst (die Flüssigkeit weicht den Löffelbiskuit auf, Sirup ist nicht nötig) und eine Schicht Mascarponemasse.
6. So fortfahren, bis die Zutaten aufgebraucht sind. Mit Kakao bestäuben.

Für die Erwachsenen können Sie die Biskuits mit etwas Pfirsichlikör befeuchten.
Mit 1 Messerspitze Zucker schmeckt die Mascarponemischung milder. Das Tiramisu lässt sich je nach Jahreszeit mit verschiedenen Früchten abwandeln: Himbeeren, Erdbeeren, Kiwis, Mango, Ananas etc.

DESSERTS

Für das Baby

AB 4 MONATEN

fein püriert

Nach Schritt 3 30 g Pfirsich beiseitestellen. Pürieren.

  Wenn das Püree im Mixer nicht glatt genug wird, streichen Sie es durch ein sehr feines Sieb. Im Winter können Sie tiefgekühlte Pfirsiche verwenden (vor dem Pürieren kochen).

AB 6 MONATEN

püriert

Nach Schritt 2 1 Messerspitze Vanillemark und **nach Schritt 3** 80–100 g Pfirsich beiseitestellen. Zusammen pürieren.

AB 8 MONATEN

passiert

Nach Schritt 3 50–60 g Pfirsich und **nach Schritt 4** 30–40 g Mascarponemasse beiseitestellen.
Den Pfirsich zerdrücken und alles vermengen.

  Durch das Mischen mit der Mascarponemasse wird das Pfirsichpüree milder und cremiger.
Im Winter können Sie tiefgekühlte Pfirsiche verwenden (vor dem Pürieren kochen).

AB 12 MONATEN

stückig

Nach Schritt 3 50–60 g Pfirsich und **nach Schritt 4** 30–40 g Mascarponemasse beiseitestellen.
In einem kleinen Dessertglas abwechselnd Pfirsich und Mascarponemasse schichten.

  Wenn Ihr Kind keinen Kakao mag, lassen Sie ihn weg. Beim Aufschichten kann es bestimmt schon mithelfen!

Mango-Passionsfrucht-Mousse

 2 Min.   15 Min. (+ 4 Std.)

 4 Pers.   ganz jährig

Zutaten

| 1 Mango | 3 Passionsfrüchte | 200 g Schlagsahne (pasteurisiert) | 1 Vanilleschote | 2 Blatt Gelatine |

1. Mango waschen und schälen. Klein schneiden und fein pürieren.
2. Passionsfrüchte aufschneiden. Fruchtfleisch in ein Sieb geben und den Saft auffangen. Fruchtfleisch aufheben.
3. Passionsfruchtsaft unter das Mangopüree rühren.
4. Gelatine in einer großen Schüssel mit kaltem Wasser einweichen. Bei sehr schwacher Hitze in einem Topf schmelzen lassen. Sie darf nicht zu heiß werden und vor allem nicht kochen.
5. Vanilleschote längs spalten und das Mark herauskratzen. Zur Schlagsahne geben.
6. Sahne aufschlagen. Nach 1 Minute nach und nach die Gelatine zugießen. Sahne weiter aufschlagen, bis sie steif ist.
7. Mit einem Teigschaber vorsichtig die Sahne mit dem Fruchtpüree vermengen.
8. In Souffléförmchen gießen und mindestens 4 Stunden im Kühlschrank fest werden lassen.
9. Auf Dessertteller stürzen und mit dem Passionsfruchtfleisch servieren.

DESSERTS

Für das Baby

AB 4 MONATEN

fein püriert

Nach Schritt 2 30–40 g Passionsfruchtsaft beiseitestellen.

 Vermutlich wird Ihr Baby das Gesicht verziehen! Bieten Sie ihm den Saft noch einmal mit etwas Mangopüree an, das mildert die Säure ein wenig ab.

AB 6 MONATEN

püriert

Nach Schritt 3 80–100 g Mangopüree mit Passionsfruchtsaft beiseitestellen.

AB 8 MONATEN

passiert

Nach Schritt 3 80–100 g Mangopüree mit Passionsfruchtsaft und **nach Schritt 6** 10 g steif geschlagene Schlagsahne beiseitestellen.

 Servieren Sie das Obstpüree mit Schlagsahne darauf.

AB 12 MONATEN

stückig

1 Förmchen mit Fruchtmousse servieren.

 Geben Sie etwas Passionsfruchtfleisch dazu, um dem Dessert eine interessantere Konsistenz zu verleihen.

REZEPTE

Flan

 45 Min.   10 Min.

 4–6 Pers.   ganz-jährig

Zutaten

- 15 Würfelzucker
- 8 + 3 Eier/Eigelb
- 1 l Vollmilch
- 2 Vanilleschoten

1. Den Zucker in einem Topf schmelzen lassen, bis er goldbraun ist. Den Karamell auf dem Boden einer Flanform verteilen.

2. Ganze Eier und Eigelbe in einer Schüssel verrühren.

3. Vanilleschoten längs spalten und das Mark herauskratzen. Milch erhitzen, Vanillemark und Schoten zum Aromatisieren hineingeben.

4. Heiße Vanillemilch zu den Eiern geben, dabei kräftig mit dem Schneebesen verrühren, damit die Eier nicht stocken.

5. Eiermasse auf den Karamell gießen. Im vorgeheizten Ofen im Wasserbad 30–40 Minuten bei 170 °C garen. Der Flan sollte beim Herausnehmen noch wackeln, aber nicht zu stark.

6. Den Flan in kleinen Schälchen mit der Karamellsauce übergossen servieren.

Flan schmeckt am besten gut gekühlt nach einer leichten Mahlzeit.

DESSERTS

Für das Baby

Ein wenig Geduld ... Flan eignet sich erst für Kinder ab 12 Monaten.

AB 12 MONATEN

stückig

30–40 g Flan servieren.

REZEPTE

Oma Roses Clafoutis

 20 Min.   25 Min.

 4-6 Pers. ☀ Frühling Sommer

Zutaten

 200 g Kirschen

 4 Eier

 100 g Blütenhonig

 40 g Mehl

 40 g gemahlene Mandeln

Außerdem

1 Vanilleschote
200 g Schlagsahne (pasteurisiert)
Puderzucker

1. Kirschen waschen und entsteinen.

2. Vanilleschote längs spalten und das Mark herauskratzen. Zu den Kirschen geben und vorsichtig untermischen.

3. In einer Schüssel mit einer Gabel die Eier mit dem Honig schaumig aufschlagen. Gesiebtes Mehl, gemahlene Mandeln und Sahne zufügen und alles gut verrühren.

4. Eine Auflaufform buttern und mehlen. Die Hälfte des Teigs hineingießen. Im vorgeheizten Ofen 5 Minuten bei 180 °C backen.

5. Form aus dem Ofen nehmen, Kirschen auf dem Teig verteilen und mit dem restlichen Teig bedecken. Weitere 10–15 Minuten backen.

6. Das Clafoutis aus dem Ofen nehmen und abkühlen lassen.

7. Den ganzen Kuchen auf den Tisch stellen und zum Servieren in Stücke schneiden. Mit Puderzucker bestäuben.

👨‍🍳 Man kann die Kirschen auch mit Stein backen, so bleibt mehr Saft in der Frucht.
Clafoutis lässt sich auch mit anderem Obst wie Birnen, Äpfeln, Brombeeren, Mangos, Ananas etc. zubereiten.

DESSERTS

Für das Baby

AB 4 MONATEN
fein püriert

Nach Schritt 1 30–40 g Kirschen beiseitestellen.
Glatt pürieren.

 Sie können die Kirschen auch 6–8 Minuten dampfgaren. Die Haut ist recht hart und lässt sich schwer pürieren; gegart brauchen Sie das Fruchtfleisch eventuell nicht durch ein Sieb zu streichen.
Sie können auch tiefgekühlte Kirschen verwenden (vor dem Pürieren kochen). Reif geerntetes Obst der Saison können Sie Ihrem Baby auch ungekocht anbieten.

AB 6 MONATEN
püriert

Nach Schritt 2 80–100 g Kirschen beiseitestellen. Pürieren.

 Sie können auch tiefgekühlte Kirschen verwenden (vor dem Pürieren kochen).

AB 8 MONATEN
passiert

Nach Schritt 2 80–100 g Kirschen beiseitestellen.
Haut abziehen und die Kirschen mit einer Gabel zerdrücken.

AB 12 MONATEN
stückig

30–40 g Clafoutis servieren.

 Honig ist für Kinder unter 1 Jahr verboten.
Auch danach sollte er lieber gegart verzehrt werden.

Oma Patricias Apfeltarte

 45 Min.   25 Min.

 6–8 Pers. Herbst Winter

Zutaten

| 1 Mürbeteig | 6 Äpfel | 1 Zitrone | 1 Prise Zimt | 2 EL Honig |

Außerdem

1 Eigelb
Puderzucker

1. Eine Obstkuchenform mit Mürbeteig auslegen, mit einer Gabel einstechen und im vorgeheizten Ofen 6 Minuten bei 180 °C backen. Er soll nicht gebräunt, nur vorgebacken sein.

2. Äpfel waschen, schälen, vierteln und Kerngehäuse entfernen. 4 Äpfel in dünne Spalten schneiden, 2 Äpfel fein würfeln. Mit Zitronensaft beträufeln, damit sie nicht braun werden.

3. Zimt zu den Apfelspalten geben und vermengen.

4. Apfelwürfel 10 Minuten zugedeckt in einem Topf mit wenig Wasser unter gelegentlichem Rühren kochen lassen.

5. Kompott durch die Gemüsemühle passieren und abkühlen lassen.

6. Apfelkompott auf dem Boden der Tarte verteilen, dann die Apfelspalten fächerförmig darauf anordnen. Mit Eigelb bestreichen und mit Honig begießen.

7. Im vorgeheizten Ofen 25–30 Minuten bei 180 °C backen. Wenn die Tarte noch nicht goldbraun ist, noch etwas länger im Ofen lassen.

8. Die ganze Tarte auf den Tisch stellen und zum Servieren in Stücke schneiden. Mit Puderzucker bestäuben.

DESSERTS

Für das Baby

AB 4 MONATEN

fein püriert

Nach Schritt 5 30–40 g Apfelkompott beiseitestellen. Es sollte sehr glatt sein.

 Wenn das Kompott nicht glatt genug ist, streichen Sie es durch ein feines Sieb.

AB 6 MONATEN

püriert

Nach Schritt 5 80–100 g Apfelkompott beiseitestellen.

 Sie können das Kompott ruhig mit Zimt aromatisieren oder probieren Sie ein anderes Gewürz aus.

AB 8 MONATEN

passiert

Nach Schritt 5 80–100 g Apfelkompott beiseitestellen.

 Sie können das Kompott ruhig mit Zimt oder aromatisieren oder probieren Sie ein anderes Gewürz aus.

AB 12 MONATEN

stückig

30–40 g Apfeltarte servieren.

 Bieten Sie Ihrem Kind den Kuchen am Stück an und lassen Sie es mit einem Löffel oder den Fingern probieren.
Wenn es noch keine Stücke essen kann, können Sie ihm das Apfelkompott vom Teigboden anbieten und den Teig in kleine Stücke schneiden.

REZEPTE

Rote-Johannisbeer-Tarte

 35 Min.   15 Min.

 8 Pers.   Sommer

Zutaten

1
Mürbeteig

450 g
Rote Johannisbeeren

3
Eier

50 g
Honig

150 g
gemahlene Mandeln

Außerdem

200 g Schlagsahne (pasteurisiert)
100 g Mandelblättchen
Puderzucker

1. Mürbeteig in einer Obstkuchenform auslegen, einstechen.
2. Johannisbeeren waschen.
3. Auf dem Boden der Tarte verteilen.
4. In einer Schüssel Eier und Honig verrühren. Gemahlene Mandeln zufügen und unterrühren. Sahne zugießen und erneut verrühren.
5. Mandelcreme über die Johannisbeeren gießen und mit Mandelblättchen bestreuen. Im vorgeheizten Ofen 35 Minuten bei 180 °C backen. Abkühlen lassen.
6. Den ganzen Kuchen auf den Tisch stellen und zum Servieren in Stücke schneiden. Für mehr Aroma mit Puderzucker bestäuben.

Zu der Tarte passt eine Englische Creme.

DESSERTS

Für das Baby

AB 4 MONATEN

fein püriert

Nach Schritt 2 30–40 g Johannisbeeren beiseitestellen. Pürieren und den Saft auffangen.

 Gießen Sie den Johannisbeersaft durch ein feines Sieb, um alle kleinen Samen zu entfernen. Sie können auch tiefgekühlte Beeren verwenden (vor dem Pürieren kochen).
Reif geerntetes Obst der Saison können Sie Ihrem Baby auch ungekocht anbieten.
Geben Sie den Johannisbeersaft im Fläschchen.

AB 6 MONATEN

püriert

Nach Schritt 2 80–100 g Johannisbeeren beiseitestellen. Pürieren und den Saft durch ein Sieb gießen, um die Samen zu entfernen.

AB 8 MONATEN

passiert

Nach Schritt 2 80–100 g Johannisbeeren beiseitestellen. Mit der Gabel zerdrücken.

AB 12 MONATEN

stückig

30–40 g Rote-Johannisbeeren-Tarte servieren.

 Bieten Sie Ihrem Kind den Kuchen am Stück an und lassen Sie es mit einem Löffel oder den Fingern probieren. Die Tarte ist zwar weich, Sie können sie für Ihr Kind aber auch klein schneiden, um ihm zu helfen.

Himbeer-Charlotte

 —

 6–8 Pers.

🕒 30 Min. (+ 4 Std.)

☀ Frühling Sommer

Zutaten

48
Löffelbiskuits

300 g
Himbeerpüree
(ohne Zuckerzusatz)

200 g
Himbeeren

1
Vanilleschote

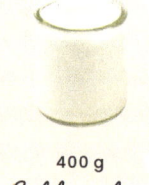
400 g
Schlagsahne
(pasteurisiert)

Außerdem

1 gestr. TL Agar-Agar
1 Glas Apfelsaft (ohne Zuckerzusatz)
1 kleines Bund Minze

1. 220 g Himbeerpüree in eine Schüssel gießen.

2. Restliches Püree in einem Topf mit dem Agar-Agar aufkochen. Abkühlen lassen und lauwarm in die Schüssel gießen.

3. Vanilleschote längs spalten und das Mark herauskratzen.

4. Zur Sahne geben. Sahne mit dem Handmixer steif schlagen.

5. Himbeerpüree vorsichtig unter die Sahne heben.

6. Biskuits auf eine Länge brechen. Einen Tortenring mit 22 cm Durchmesser auf einen Teller legen und die Biskuits innen am Rand entlang aufstellen, mit der Zuckerseite zum Ring und der Schnittseite nach unten. Die restlichen Biskuits eng nebeneinander auf dem Boden verteilen. Mit einem Backpinsel mit etwas Apfelsaft bestreichen.

7. Die Form zur Hälfte mit Himbeermousse füllen. Eine Schicht getränkte Löffelbiskuits darauflegen und mit Himbeermousse auffüllen.

8. Oberfläche mit einem Teigschaber glätten. Mit Frischhaltefolie abdecken und mindestens 4 Stunden kühl stellen.

9. Kurz vor dem Servieren mit frischen Himbeeren und einigen Minzeblättern garnieren. Die ganze Charlotte auf den Tisch stellen und zum Servieren in Stücke schneiden.

DESSERTS

Für das Baby

AB 4 MONATEN
fein püriert

30–40 g Himbeerpüree beiseitestellen. Falls es noch Kerne enthält, das Püree durch ein Sieb streichen.

 Sie brauchen etwa 100 g frische Himbeeren für 30–40 g Püree. Sie können auch Himbeernektar oder fertiges Himbeerpüree ohne Zuckerzusatz verwenden.

AB 6 MONATEN
püriert

Nach Schritt 3 80–100 g Himbeerpüree und 1 Messerspitze Vanillemark beiseitestellen. Verrühren.

 Sie können auch Himbeernektar oder fertiges Himbeerpüree ohne Zuckerzusatz verwenden.

AB 8 MONATEN
passiert

Nach Schritt 5 80–100 g Himbeermousse beiseitestellen.

 Variante: 80–100 g Himbeerpüree beiseitestellen, 10 g Schlagsahne daraufsetzen und so servieren. Die Schlagsahne muss im Kühlschrank aufbewahrt werden. Falls sie zusammenfällt, können Sie sie noch einmal aufschlagen.

AB 12 MONATEN
stückig

30–40 g Himbeer-Charlotte servieren.

 Bieten Sie Ihrem Kind die Charlotte am Stück an und lassen Sie es mit einem Löffel oder den Fingern probieren. Die Charlotte hat zwar eine weiche Konsistenz, aber Sie können sie auch zerdrücken, um Ihrem Baby zu helfen.

Vanillekuchen mit Mangopüree

 1 Std.   15 Min. (+ 2 Std.)

 6 Pers. ganz jährig

Zutaten

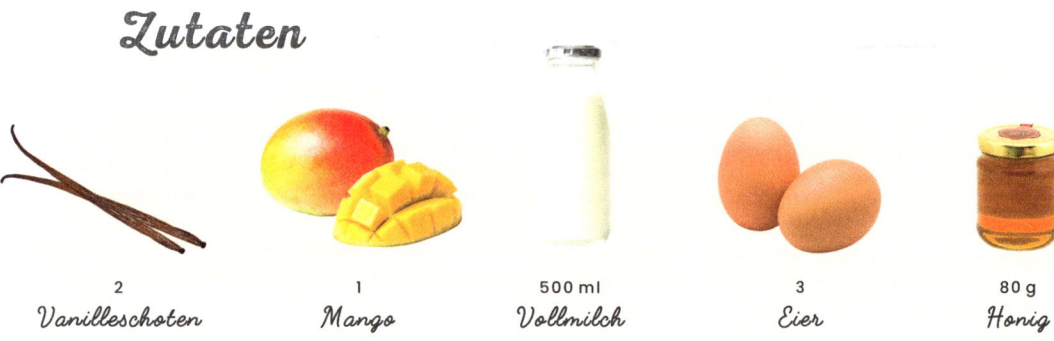

| 2 Vanilleschoten | 1 Mango | 500 ml Vollmilch | 3 Eier | 80 g Honig |

Außerdem

1 Päckchen Vanillezucker
90 g Mehl
90 g Butter
Puderzucker

1. Milch in einem Topf erhitzen. Längs gespaltene Vanilleschoten hineingeben.
2. Eier trennen. Eigelbe mit Milch, Honig und Vanillezucker mit dem Schneebesen kräftig verrühren. Mehl zufügen.
3. Butter in einem Topf zerlassen. In die Schüssel gießen und unterrühren.
4. Eiweiß steif aufschlagen. Mit dem Schneebesen zügig unterrühren, ohne dass der Eischnee allzu sehr zusammenfällt.
5. Die Masse in eine Silikonform umfüllen und im vorgeheizten Ofen 1 Stunde bei 150 °C backen. 2 Stunden im Kühlschrank abkühlen lassen, dann aus der Form nehmen.
6. Mango schälen und pürieren.
7. Den ganzen Kuchen auf den Tisch stellen und zum Servieren in Stücke schneiden. Mit Puderzucker bestäuben und mit Mangopüree servieren.

Zu diesem Kuchen passen auch andere pürierte Früchte wie Erdbeeren oder Himbeeren.

DESSERTS

Für das Baby

AB 4 MONATEN

fein püriert

Nach Schritt 6 30–40 g Mango beiseitestellen.

 Reif geerntetes Obst der Saison können Sie Ihrem Baby auch ungekocht anbieten.

AB 6 MONATEN

püriert

Nach Schritt 6 80–100 g Mango plus 1 Messerspitze Vanillemark beiseitestellen. Verrühren.

AB 8 MONATEN

passiert

Nach Schritt 6 80–100 g Mango beiseitestellen und 30 g Säuglingsnahrung zufügen. Verrühren.

AB 12 MONATEN

stückig

Nach Schritt 6 60 g Mango und 30–40 g Kuchen beiseitestellen.

 Bieten Sie Ihrem Kind den Kuchen am Stück an und lassen Sie es mit einem Löffel oder den Fingern probieren. Er ist zwar weich, Sie können ihn für Ihr Kind aber auch klein schneiden, um ihm zu helfen.

REZEPTE

Kiwi-Muffins

 40 Min.   15 Min.

 8 Pers.   Herbst Winter

Zutaten

| 5 Kiwis | 1 Naturjoghurt | 3 Eier | ½ Joghurtbecher Rohrzucker | 2 Joghurtbecher Mehl |

Außerdem

1 Päckchen Backpulver
1 Päckchen Vanillezucker
1 Joghurtbecher Pflanzenöl
Puderzucker

1. Kiwis schälen und fein würfeln.

2. Joghurt in eine Schüssel geben. Den Becher auswaschen und abtrocknen – er dient als Messbecher für die anderen Zutaten.

3. Eier in den Joghurt schlagen und mit dem Schneebesen verrühren. Rohrzucker, Mehl, Backpulver, Vanillezucker und Öl zufügen. Kräftig verrühren.

4. Drei Viertel der Kiwiwürfel zum Teig geben und vorsichtig unterheben.

5. Den Teig auf Silikon-Muffinförmchen verteilen. Auf jeden Muffin einige frische Kiwiwürfel legen und im vorgeheizten Ofen 30–40 Minuten bei 180 °C backen, dabei gelegentlich kontrollieren.

6. Abkühlen lassen und vorsichtig aus den Förmchen stürzen.

7. Die Muffins auf einer Servierplatte anrichten und mit Puderzucker bestäuben.

Diese Joghurt-Muffins lassen sich auch mit anderen Früchten wie Birnen, Äpfeln, Brombeeren, Mangos, Ananas etc. zubereiten.

DESSERTS

Für das Baby

AB 4 MONATEN

fein püriert

Nach Schritt 1 30–40 g Kiwi beiseitestellen.
Glatt pürieren.

 Sie können die Kiwi 6–8 Minuten dampfgaren.
Wenn der Brei nicht glatt genug ist, streichen Sie ihn durch ein feines Sieb. Reif geerntetes Obst der Saison können Sie Ihrem Baby auch ungekocht anbieten.

AB 6 MONATEN

püriert

Nach Schritt 1 80–100 g Kiwi beiseitestellen und pürieren.

AB 8 MONATEN

passiert

Nach Schritt 1 80–100 g Kiwi beiseitestellen.
Kiwiwürfel zerdrücken oder ganz anbieten.

AB 12 MONATEN

stückig

Nach Schritt 1 50–60 g Kiwi beiseitelegen und mit 30–40 g Kuchen zum Frühstück oder als Nachmittagssnack servieren.

 Bieten Sie Ihrem Kind den Kuchen am Stück an und lassen Sie es mit einem Löffel oder den Fingern probieren. Er ist zwar weich, Sie können ihn für Ihr Kind aber auch klein schneiden, um ihm zu helfen.
Die Kiwi kann auch mit 20 g Quark zu einem Smoothie püriert werden.

REZEPTE

Apfelkuchen
(ohne Milch und Eier)

 25 Min.   10 Min.

 4–6 Pers.   Herbst Winter

Zutaten

 2 Äpfel

 75 g Reismehl

 75 g + 75 g Kartoffelstärke/ Maisstärke

 100 g Margarine

 70 g Honig

 Saft von 1 Zitrone

Außerdem

1 TL Natron
2 EL Apfelsaft
1 Messerspitze Zimt
Puderzucker

1. Zitrone waschen und die Zesten abziehen. Äpfel schälen und waschen. Vierteln, Kerngehäuse entfernen und fein würfeln. Mit Zitronensaft beträufeln.

2. Mehl, Stärke, Natron und Apfelsaft in eine Schüssel geben und mit dem Schneebesen kräftig verrühren.

3. Margarine in einem Topf zerlassen und zum Teig geben. Honig zufügen und die Apfelstücke unterheben.

4. Teig in eine mit Backpapier ausgelegte Backform füllen und im vorgeheizten Ofen 25 Minuten bei 180 °C backen.

5. Den ganzen Kuchen auf den Tisch stellen und zum Servieren in Stücke schneiden. Mit Zimt und Puderzucker bestäuben.

Dieser Kuchen lässt sich mit jeder Obstsorte zubereiten. Den Apfelsaft können Sie auch durch einen anderen Saft ersetzen.

DESSERTS

Für das Baby

AB 4 MONATEN

fein püriert

Nach Schritt 1 30–40 g Apfel beiseitestellen.
In einem Topf mit wenig Wasser kochen.
Abtropfen lassen und glatt pürieren.

 Sie können das Apfelkompott mit jedem anderen Obstpüree wie Himbeer- oder Brombeerpüree mischen, um ihm mehr Konsistenz zu geben.

AB 6 MONATEN

püriert

Nach Schritt 1 80–100 g Apfel plus 1 Messerspitze Zimt beiseitestellen.
Apfelstücke in einem Topf mit wenig Wasser und dem Zimt kochen.
Abtropfen lassen und glatt pürieren.

AB 8 MONATEN

passiert

Nach Schritt 1 80–100 g Apfel plus 1 Messerspitze Zimt beiseitestellen.
Apfelstücke in einem Topf mit wenig Wasser und dem Zimt kochen.
Abtropfen lassen und passieren.

AB 12 MONATEN

stückig

30–40 g Kuchen als Frühstück oder Nachmittagssnack servieren.

 Lassen Sie Ihr Kind seinen Kuchen mit den Fingern, aber unter Ihrer Aufsicht essen.
Er ist zwar weich, Sie können ihn für Ihr Kind aber auch klein schneiden, um ihm zu helfen.

REZEPTE

Schoko-Bananen-Kuchen

 45 Min.   25 Min.

 6–8 Pers.   ganz jährig

Zutaten

| 200 g Bitterschokolade | 3 Bananen | 150 g Butter | 4 Eier | 50 g Mehl |

Außerdem

60 g Honig
Saft von 1 Zitrone
1 Prise geriebene Tonkabohne

1. Schokolade zerkleinern und in eine Schüssel geben.
2. Im Wasserbad schmelzen lassen und die Butter zufügen. Mit dem Schneebesen verrühren.
3. Wenn alles geschmolzen ist, die Schüssel vom Topf nehmen. Eier einzeln unter kräftigem Rühren mit dem Schneebesen in die Schokolade geben, dann Mehl und Honig unterrühren.
4. Eine Kuchenform buttern und mehlen. Mit der Hälfte des Teigs füllen.
5. Bananen schälen und in dünne Scheiben schneiden. Mit Zitronensaft beträufeln.
6. Geriebene Tonkabohne zufügen.
7. Drei Viertel der Bananenscheiben zum Teig geben und mit dem restlichen Teig bedecken. Im vorgeheizten Ofen 30 Minuten bei 160 °C backen.
8. Abkühlen lassen und mit den restlichen Bananenscheiben belegen.
9. Den ganzen Kuchen auf den Tisch stellen und zum Servieren in Stücke schneiden.

Der Schokoladenkuchen lässt sich auch gut mit anderen Früchten abwandeln.

DESSERTS

Für das Baby

AB 4 MONATEN

fein püriert

Nach Schritt 5 30–40 g Banane beiseitestellen.
Glatt pürieren.

AB 6 MONATEN

püriert

Nach Schritt 6 80–100 g Banane beiseitestellen.
Alles pürieren.

AB 8 MONATEN

passiert

Nach Schritt 6 80–100 g Banane beiseitestellen.
Mit einer Gabel zerdrücken.

AB 12 MONATEN

stückig

30–40 g Schokoladenkuchen servieren.

 Honig ist für Kinder unter 1 Jahr verboten.
Auch danach sollte er lieber gegart verzehrt werden.

REZEPTE

Oma Roses Weihnachtskuchen

 15 Min.   20 Min.

 6–8 Pers.   Winter

Zutaten

250 g
Bitterschokolade

6
Eier

110 g
Zucker

60 g
Mehl

60 g
Maisstärke

Außerdem

50 g Butter
250 g Schlagsahne (pasteurisiert)
Puderzucker

1. Eier trennen. Eiweiß steif schlagen. Eigelbe mit dem Zucker schaumig schlagen. Gesiebtes Mehl und Stärke vorsichtig unterrühren. Wenn die Masse homogen ist, den Eischnee ebenfalls vorsichtig unterheben.

2. Den Teig auf einem mit Backpapier ausgelegten Backblech verteilen, sodass ein regelmäßiges Rechteck von etwa 1 cm Dicke entsteht. Im vorgeheizten Ofen 5–7 Minuten bei 180 °C backen.

3. Den Biskuitboden auf ein feuchtes Geschirrtuch stürzen und aufrollen.

4. Schokolade und Butter im Wasserbad schmelzen. Sahne steif schlagen. Schokolade umrühren, bis sie etwas abgekühlt ist, und die Sahne vorsichtig unterheben.

5. Biskuitboden entrollen und mit der Schokoladenganache bestreichen. Wieder aufrollen.

6. Den »Baumstamm« von allen Seiten mit der restlichen Ganache überziehen. Von den Enden 2 cm abschneiden, auf den Kuchen legen und noch einmal mit Ganache überziehen.

7. Den ganzen Kuchen auf den Tisch stellen und zum Servieren in Stücke schneiden. Mit Puderzucker bestäuben.

Noch aromatischer wird der Kuchen mit glasierten Maronen.

DESSERTS

Für das Baby

Für Ihr Baby ist dieser Kuchen im 1. Lebensjahr noch zu mächtig.

AB 12 MONATEN

stückig

Endlich! 30–40 g Weihnachtskuchen servieren.

 Lassen Sie bei der Babyportion den Puderzucker weg. Bieten Sie Ihrem Kind den Kuchen am Stück an und lassen Sie es ruhig mit den Fingern probieren, wenn ihm das lieber ist.

REZEPTE

Hippen

 10 Min.   25 Min.

 4–6 Pers.   ganz jährig

Zutaten

- 120 g weiche Butter
- 100 g Zucker
- 1 Vanilleschote
- 2 Eier
- 100 g Mehl

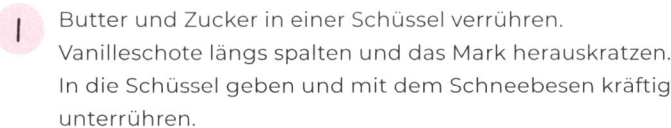

1. Butter und Zucker in einer Schüssel verrühren. Vanilleschote längs spalten und das Mark herauskratzen. In die Schüssel geben und mit dem Schneebesen kräftig unterrühren.

2. Eier zufügen und alles zu einer homogenen Masse verrühren. Mehl darüberstreuen und erneut verrühren.

3. Ein Backblech mit Backpapier auslegen und den Teig in Kreisen von 6–7 cm Durchmesser darauf verteilen.

4. Im vorgeheizten Ofen 10 Minuten bei 190 °C backen, bis der Teig an den Rändern goldbraun ist.

5. Teigkreise einzeln aus dem Ofen nehmen (Tür offen lassen, sonst übergaren sie und lassen sich nicht mehr rollen) und eng um einen dünnen Stab rollen.

👨‍🍳 Servieren Sie die Hippen mit Eis oder frischem Obstsalat. Sie können den Teig auch mit Ihren Lieblingsgewürzen verfeinern, z. B. mit Zimt oder Tonkabohne.

DESSERTS

Für das Baby

Für Ihr Baby sind die Hippen im 1. Lebensjahr noch zu mächtig.

AB 12 MONATEN

2–3 Hippen servieren.

 Sie können die Hippen als Dessert oder als Nachmittagssnack mit einem Milchprodukt, Obstsalat oder Kompott anbieten.

REZEPTE

Katzenzungen mit Rosinen

 15 Min.   25 Min.

 4–6 Pers.  Sommer Herbst

Zutaten

50–80 g
Rosinen

150 g
Weintrauben (weiß und rot)

120 g
weiche Butter

100 g
Zucker

2
Eier

Außerdem

1 Messerspitze Zimt
125 g Mehl

1. Butter, Zucker und Zimt in einer Schüssel verrühren. Eier zufügen und alles zu einer homogenen Masse verrühren. Gesiebtes Mehl darüberstreuen und erneut verrühren.

2. Ein Backblech mit Backpapier auslegen und den Teig mit einem Spritzbeutel in 4–5 cm langen Streifen darauf verteilen. Auf jeden Streifen 3–4 Rosinen legen.

3. Im vorgeheizten Ofen 5 Minuten bei 190 °C backen, bis die Kekse an den Seiten goldbraun sind.

4. Nacheinander aus dem Ofen nehmen und flach ausgebreitet abkühlen lassen.

5. Weintrauben waschen, schälen und Kerne entfernen.

6. Abgekühlte Katzenzungen mit Trauben servieren.

 Servieren Sie die Katzenzungen mit Eis oder Obstsalat als Dessert oder Nachmittagssnack. Sie können den Teig auch mit Ihren Lieblingsgewürzen verfeinern, z. B. mit Vanille oder Tonkabohne.

DESSERTS

Für das Baby

AB 4 MONATEN

fein püriert

Die Katzenzungen sind noch nichts für das Baby, Geduld …
Nach Schritt 5 30–40 g weiße Weintrauben beiseitestellen. Pürieren und den Saft auffangen.

 Bieten Sie den Traubensaft im Fläschchen an, das ist einfacher für Ihr Baby. Achten Sie aber darauf, dass es nicht zu lange nuckelt.

AB 6 MONATEN

püriert

Noch etwas Geduld …
Nach Schritt 5 80–100 g rote Weintrauben beiseitestellen. Pürieren und den Saft auffangen.

 Bieten Sie den Traubensaft im Fläschchen oder im Trinklernbecher an, das ist einfacher für Ihr Baby.

AB 8 MONATEN

passiert

Nur noch 1 … 2 … 3 … 4 Monate, dann ist es so weit!
Nach Schritt 5 80–100 g weiße Weintrauben beiseitestellen. Fruchtfleisch grob pürieren.

 Servieren Sie die Trauben in einer kleinen Schüssel und lassen Sie Ihr Kind mit den Fingern essen, damit es die saftige und weiche Konsistenz der Trauben kennenlernt.

AB 12 MONATEN

stückig

2–3 Katzenzungen servieren.

 Sie können die Katzenzungen als Dessert oder als Nachmittagssnack mit einem Milchprodukt, Obstsalat oder Kompott anbieten.

REZEPTE

Mandelkuchen mit Pistazien und Himbeeren

 20 Min.   25 Min.

 6–8 Pers. Frühling Sommer

Zutaten

 20–30 Himbeeren

 80 g Pistazienpaste

 60 g Mehl

 140 g gemahlene Mandeln

 120 g Puderzucker

 4 Eiweiß

Außerdem
130 g Butter

1. In einer Schüssel gesiebtes Mehl, gemahlene Mandeln und Puderzucker mischen. Pistazienpaste zufügen und gut verrühren.
2. Eine Mulde in die Masse drücken und die Eiweiße hineingeben. Mit dem Schneebesen kräftig verrühren.
3. Die Butter in einem Topf zerlassen und bräunen, dann abkühlen lassen. In die Schüssel gießen und gründlich unterrühren.
4. Den Teig in Muffinförmchen aus Silikon gießen.
5. Auf jeden Kuchen 1–2 Himbeeren legen.
6. Im vorgeheizten Ofen 15 Minuten bei 200 °C backen. Aus den Förmchen lösen und abkühlen lassen.

Sie können die gemahlenen Mandeln auch durch gemahlene Haselnüsse oder Pistazien ersetzen oder eine Mandel-Haselnuss-Mischung verwenden. Die Pistazienpaste können Sie durch Haselnussnugat ersetzen.

DESSERTS

Für das Baby

AB 4 MONATEN

fein püriert

30–40 g Himbeeren beiseitestellen.
Pürieren und durch ein Sieb streichen, um den Saft aufzufangen.

 Geben Sie Ihrem Baby den Himbeersaft im Fläschchen. Achten Sie aber darauf, dass es nicht zu lange nuckelt.

AB 6 MONATEN

püriert

80–100 g Himbeeren beiseitestellen.
Pürieren und durch ein Sieb streichen, um den Saft aufzufangen.

 Geben Sie Ihrem Baby den Himbeersaft im Fläschchen. Achten Sie aber darauf, dass es nicht zu lange nuckelt.

AB 8 MONATEN

passiert

80–100 g Himbeeren beiseitestellen. Erst ganz anbieten, dann bei Bedarf mit der Gabel zerdrücken.

 Sie können auch 1 Messerspitze Anis oder Vanillemark dazugeben.

AB 12 MONATEN

stückig

1 kleinen Kuchen und 2–3 frische Himbeeren servieren.

 Bieten Sie den Kuchen ganz an und lassen Sie Ihr Kind mit den Fingern essen. Wenn Ihr Kind noch nicht so weit ist, können Sie den Kuchen auch in kleine Stücke schneiden.

Oma Patricias Zitronen-Madeleines

 40 Min. 25 Min.

 6–8 Pers. ganz jährig

Zutaten

| ½ Zitrone | 3 Eier | 150 g Honig | 200 g Mehl | 50 ml Vollmilch |

Außerdem

1 TL Natron
100 g Butter

1. Eier und Honig in einer Schüssel kräftig verrühren. Gesiebtes Mehl und Natron zufügen.

2. Von der Zitrone die Zesten abziehen und den Saft auspressen. Zesten und Saft unter den Teig rühren. Milch unterrühren.

3. Butter in einem Topf zerlassen und bräunen, dann abkühlen lassen. Zum Teig geben und unterrühren.

4. Madeleineförmchen buttern und zu drei Vierteln mit dem Teig füllen. Im vorgeheizten Ofen 10–12 Minuten bei 200 °C backen, bis die Madeleines aufgegangen und goldbraun sind.

5. Erst abkühlen lassen und dann aus der Form nehmen, damit sie nicht auseinanderbrechen. Vorsichtig in einen luftdicht schließenden Behälter füllen.

 Madeleines schmecken auch mit Orange sehr gut.

DESSERTS

Für das Baby

Für die Madeleines muss Ihr Baby sich noch etwas gedulden … Inzwischen darf es aber schon einmal ein paar Tropfen Zitronensaft in Mineralwasser probieren.

AB 8 MONATEN

passiert

Noch 1 … 2 … 3 … 4 Monate, dann ist es so weit! Man sagt ja, dass man einem Baby ein Nahrungsmittel mehrmals anbieten soll. Jetzt ist ein guter Zeitpunkt, um es Zitronensaft pur oder mit etwas Wasser probieren zu lassen. Lustige Grimassen sind garantiert!

AB 12 MONATEN

stückig

1 Madeleine als Dessert oder Nachmittagssnack servieren.

 Da Ihr Kind den Geschmack von Zitrone schon kennt, wird es die weichen Madeleines lieben. Schneiden Sie sie in kleine Stücke und lassen Sie es unter Aufsicht mit den Fingern essen.

Französische Brioche

 30 Min.
 25 Min. (+ 2 Std.)
 6–8 Pers.
 ganzjährig

Zutaten

- 100 ml lauwarme Milch
- 500 g Mehl
- 50 g Puderzucker
- 4 + 1 Eier/Eigelb
- 200 g weiche Butter

Außerdem

20 g Hefe
1 Orange
1 Biozitrone
75 g Hagelzucker

1. Die Hefe in der Milch auflösen. Zesten von Orange und Zitrone abziehen und zum Aromatisieren in die Milch geben.

2. Mehl, Puderzucker und Eier in eine Schüssel geben. Eine Mulde in die Mischung drücken und die Hefemilch hineingießen. Alles 5 Minuten durchkneten. Die Butter in kleinen Stücken nach und nach unterkneten.

3. Teig dritteln und in eine leicht gebutterte und bemehlte Kastenform legen. 2 Stunden gehen lassen.

4. Den Teig mit einem Backpinsel mit dem verrührten Eigelb bestreichen und mit Hagelzucker bestreuen. Im vorgeheizten Ofen 30 Minuten bei 180 °C backen.

5. Die Brioche zum Frühstück oder als Nachmittagssnack servieren.

👨‍🍳 Bestreichen Sie die Brioche mit etwas Butter und Konfitüre. In einem luftdicht geschlossenen Behälter vor Feuchtigkeit geschützt aufbewahren.

DESSERTS

Für das Baby

AB 4 MONATEN

fein püriert

Für Ihr Baby ist Brioche noch zu mächtig. Da aber niemand Verschwendung mag: Haben Sie Ihr Baby schon einmal Orange probieren lassen? Jetzt ist ein guter Zeitpunkt, um ein paar Tropfen in sein Fläschchen zu geben.

 Sie können etwas Wasser dazugeben, um den Geschmack abzumildern.

AB 6 MONATEN

püriert

Noch ein wenig Geduld ... Ihr Baby kennt Orange vielleicht schon. Und man sagt ja, dass man einem Baby ein Nahrungsmittel mehrmals anbieten soll. Jetzt ist ein guter Zeitpunkt, um es Orangensaft pur oder mit etwas Wasser probieren zu lassen.

AB 8 MONATEN

passiert

Noch 1 ... 2 ... 3 ... 4 Monate, dann ist es so weit! Da aber niemand Verschwendung mag: Haben Sie Ihr Baby schon einmal Orange probieren lassen? Jetzt ist ein guter Zeitpunkt, um ihm 80 g Orangenfilets in kleinen Stücken anzubieten.

AB 12 MONATEN

stückig

30–40 g Brioche zum Frühstück oder als Nachmittagssnack servieren.

 Lassen Sie Ihr Kind die Brioche mit dem Löffel oder mit den Fingern probieren. Sie können dazu einen Orangensaft oder Orangenfilets in Stücken anbieten.
Die Brioche ist zwar weich, bei Bedarf können Sie sie jedoch trotzdem klein schneiden. Lassen Sie Ihr Baby niemals unbeaufsichtigt essen.

REZEPTE

Bananencrêpes
(ohne Ei)

 15 Min.   10 Min.

4–6 Pers.   ganzjährig

Zutaten

| 2 reife Bananen | 250 g Mehl | 80 g Butter | 400 ml Vollmilch | Saft von 1 Zitrone |

Außerdem

1 Prise Zimt

1. Bananen schälen und mit Zitronensaft pürieren. Zimt zufügen.
2. Mehl in eine Schüssel geben und eine Mulde hineindrücken. Bananenpüree zufügen.
3. Butter in einem Topf zerlassen und bräunen. In die Mulde gießen und die Milch sowie 400 ml Wasser zufügen.
4. Kräftig mit dem Schneebesen verrühren, um alle Klümpchen zu entfernen.
5. Die Crêpes in einer antihaftbeschichteten Pfanne backen. Falls erforderlich, etwas Fett hineingeben. Auf einem Teller stapeln.

Servieren Sie die Crêpes pur, mit Schlagsahne, Konfitüre oder einem süßen Brotaufstrich.
Die Banane ersetzt in diesem Rezept die Eier. Wenn Sie Milch und Butter ersetzen möchten, können Sie stattdessen Mandelmilch und Margarine verwenden.

DESSERTS

Für das Baby

AB 4 MONATEN

fein püriert

30–40 g Banane beiseitestellen.
Fein pürieren. Der Brei sollte ganz glatt sein.

AB 6 MONATEN

püriert

80–100 g Banane plus etwas Zimt und Zitronensaft beiseitestellen.
Alles zusammen pürieren.

AB 8 MONATEN

passiert

Nach Schritt 1 80 g Bananenpüree und **nach Schritt 5** 10 g Crêpe beiseitestellen. Die Crêpe in sehr kleine Stücke schneiden.

 Bieten Sie Ihrem Kind die Crêpe nur an, wenn Sie es für reif genug halten.

AB 12 MONATEN

stückig

Nach Schritt 1 50–60 g Bananenpüree und **nach Schritt 5** 30–40 g Crêpe beiseitestellen. Als Frühstück oder Nachmittagssnack servieren.

 Die Crêpe ist zwar weich, bei Bedarf können Sie sie jedoch trotzdem klein schneiden.

REZEPTE

Himbeerwaffeln

 15 Min.   15 Min.

 4–6 Pers.   Frühling Sommer

Zutaten

| 100 g Himbeerpüree | 80 g Himbeeren | 200 g Mehl | 2 Eier | 300 ml Vollmilch | 80 g Butter |

Außerdem

1 TL Natron
1 Vanilleschote

1. Mehl und Natron in einer Schüssel mischen. Eine Mulde in die Mischung drücken und die Eier hineinschlagen.

2. Vanilleschote längs spalten und das Mark herauskratzen. Unter das Himbeerpüree mischen.

3. Milch in die Rührschüssel gießen und alles mit den Schneebesen verrühren. Himbeerpüree zufügen und unterrühren.

4. Butter in einem Topf zerlassen, in den Teig gießen und unterrühren.

5. Waffeleisen buttern. 1 Kelle Teig hineingeben, Eisen schließen und die Waffel backen. Fortfahren, bis der Teig aufgebraucht ist.

6. Die Waffeln mit frischen Himbeeren servieren.

 Sie können noch etwas Zucker zum Teig geben.
Das Himbeerpüree kann durch ein anderes Obstpüree oder durch Vollmilch ersetzt werden.
Servieren Sie die Waffeln auch mit Schlagsahne, Konfitüre oder süßem Brotaufstrich.

DESSERTS

Für das Baby

AB 4 MONATEN

fein püriert

Vor der Zubereitung der Waffeln 30–40 g Himbeerpüree beiseitestellen. Das Püree sollte ganz glatt sein. Falls es noch Samenkörnchen enthält, durch ein Sieb passieren.

 Außerhalb der Saison können Sie das Püree auch aus tiefgekühlten Himbeeren herstellen (vor dem Pürieren kochen). Reif geerntetes Obst der Saison können Sie Ihrem Baby auch ungekocht anbieten.

AB 6 MONATEN

püriert

Nach Schritt 2 80–100 g Himbeerpüree beiseitestellen.

AB 8 MONATEN

passiert

Nach Schritt 2 80 g Himbeerpüree und **nach Schritt 5** 10 g Waffel beiseitestellen. Die Waffel sehr klein schneiden und im Himbeerpüree einweichen.

AB 12 MONATEN

stückig

30–40 g Waffeln mit einigen frischen Himbeeren servieren.

 Die Waffel ist zwar weich, bei Bedarf können Sie sie jedoch trotzdem klein schneiden.

Ananas-Limette-Minze-Sorbet
(ohne Zucker und ohne Eismaschine)

15 Min. (+ 12 Std.)

4 Pers.

ganzjährig

Zutaten

- 1 Ananas
- 1 Biolimette
- ½ Bund Minze
- 1–2 EL Mineralwasser

1. Am Vortag die Ananas schälen und waschen. In kleine Stücke schneiden.

2. Limette waschen und die Zesten abziehen. Zesten fein hacken. Ananas und Limettenzesten in einen Gefrierbeutel füllen und über Nacht in den Gefrierschrank stellen.

3. Am nächsten Tag die gefrorenen Ananasstücke in den Mixer geben. Einige Minuten antauen lassen, um das Zerkleinern zu erleichtern.

4. Ananasstücke mit der Minze zu einer körnigen Masse zerkleinern. Wenn das Zerkleinern schwierig ist, etwas Wasser zufügen. Den Mixer anhalten, sobald die Masse weich ist, aber noch die Form behält.

5. Sofort servieren oder das Sorbet in einem luftdicht geschlossenen Behälter im Gefrierschrank aufbewahren.

Servieren Sie 1 Schale Sorbet mit 1 Hippe oder 1 Katzenzunge. Sie können das Rezept auch mit anderen Früchten und Kräutern zubereiten. Wenn Sie Zeit sparen möchten, kaufen Sie bereits tiefgekühlte Früchte.

DESSERTS

Für das Baby

AB 4 MONATEN

fein püriert

Nach Schritt 1 30–40 g Ananas beiseitestellen.
Glatt pürieren.

 Sie können die Ananas auch 6–8 Minuten dampfgaren. Das Fleisch ist dann weich und lässt sich besser pürieren, möglicherweise müssen Sie es auch nicht durch ein feines Sieb streichen.
Reif geerntetes Obst der Saison können Sie Ihrem Baby auch ungekocht anbieten.

AB 6 MONATEN

püriert

Nach Schritt 1 80–100 g Ananas plus 1 Minzeblatt beiseitestellen. Zusammen pürieren.

AB 8 MONATEN

passiert

Nach Schritt 1 80–100 g Ananas plus 1 Minzeblatt beiseitestellen. Die Ananas mit der Minze passieren.

AB 12 MONATEN

stückig

30–40 g Ananassorbet servieren.

 Zum Eis können Sie 1 Hippe (S. 230) oder 1 Katzenzunge (S. 232) anbieten.

REGISTER

Rezepte in alphabetischer Reihenfolge

A
Ananas-Limette-Minze-Sorbet.........244
Apfelkuchen.............................224

B
Bananencrêpes.........................240
Baskisches Hähnchen....................94
Bœuf bourguignon......................124
Bohnencremesuppe mit Haselnüssen..80
Bratäpfel mit Gewürzen................202
Brathähnchen mit Kartoffelgratin
 wie bei Oma Pascale..................96
Bruschetta mit Thunfisch und Feldsalat-68

C-D
Cannelloni mit Rind und
 Champignons.........................118
Chili con Carne........................128
China-Fleischbällchen mit
 Glasnudeln...........................130
Christelles Beeren-Crumble...........200
Curryhähnchen mit Reis und Kürbis...104
Dorade mit Zitrus-Zucchini-Füllung...162

E-F
Eintopf................................140
Entenbrust mit Feigen.................110
Fischbällchen..........................74
Flan...................................210
Französische Brioche..................238

G
Gazpacho aus Gurke, Melone und
 Minze.................................42
Gebratener Thunfisch mit Zucchini....164
Gemüse mit Hackfleischfüllung........132
Gnocchi mit Blumenkohl und
 Seelachs.............................172

H
Hackfleisch-Kartoffelpüree-Auflauf....112
Hähnchen-Tajine mit Zitrone und
 Oliven................................98
Hamburger mit Süßkartoffelfritten....122
Hechtnocken mit Brokkoli..............174
Himbeer-Charlotte.....................218
Himbeerwaffeln........................242
Hippen................................230
Hörnchennudeln mit Schinken und
 Sellerie..............................146

J-K
Jägerbraten mit grünen Bohnen........138
Kabeljau mit Bulgur, Spargel und
 Romanesco...........................158
Kaltes Mischgemüse....................52
Kaninchenpäckchen mit Zucchini
 und Pesto............................114
Katzenzungen mit Rosinen.............232
Kiwi-Muffins..........................222
Kleine Buddha Bowl....................48
Kürbis-Spinat-Tarte...................86

L
Lachs à l'orange mit Kartoffel-
 Chayote-Püree.......................166
Lachs mit zweierlei Tagliatelle........160
Lasagne mit Rind, Brocciu und Spinat..116
Linseneintopf mit Würstchen..........144

M
Mandelkuchen mit Pistazien und
 Himbeeren...........................234
Mango-Passionsfrucht-Mousse........208
Masala-Hähnchen......................100
Melonen-Gazpacho mit
 Zitronenverbene.....................196
Milchreis mit Birnen...................204
Möhrensalat mit Knoblauch und
 Ingwer...............................60
Möhrensuppe mit Koriandergrün
 und Kreuzkümmel....................82
Moussaka.............................152

O
Obstpäckchen mit Gewürzen...........198
Oma Claudes Couscous................154
Oma Claudes Pastete..................84
Oma Owczareks Reibekuchen..........72
Oma Pascales Eintopf.................126
Oma Pascales Kalbfleischfrikassee....134
Oma Pascales Ratatouille.............182
Oma Pascales Reissalat...............66
Oma Patricias Apfeltarte..............214
Oma Patricias Lammkeule.............150
Oma Patricias Shakshuka mit
 Eiern................................192
Oma Patricias Zitronen-Madeleines...236
Oma Paulettes Pestosuppe...........188
Oma Paulettes Taboulé................46

Oma Roses Weihnachtskuchen........228
Oma Roses Clafoutis..................212
Oma Roses Lammragout...............148
Opa Pascales Gemüsetortilla..........90
Ossobuco............................136

P
Paella................................102
Panierter Kabeljau mit Selleriepüree...168
Papidounes einfache Fischsuppe......178
Pastilla mit Lamm und
 Wintergemüse.......................156
Pfirsich-Vanille-Tiramisu..............206
Pizza mit Thunfisch, Kapern und
 Oliven...............................176
Polenta-Auberginen-Mozzarella-
 Gratin...............................184
Polnische Rote-Bete-Suppe...........190
Putencurry mit Kokosmilch...........106
Putenschnitzel mit Crème fraîche
 und Steckrüben......................108

R
Radicchiosalat mit Roquefort..........56
Rettichcreme mit Jakobsmuscheln....180
Risotto mit Lauch und Kabeljau.......170
Rote-Bete-Gazpacho..................44
Rote-Johannisbeer-Tarte..............216

S
Salat mit Fenchel, Apfel und Cranberry.58
Salat mit Papaya und Erdnuss.........64
Scharfer Thai-Salat....................62
Schoko-Bananen-Kuchen..............226
Sechs-Gemüse-Suppe.................186
Selleriesalat mit Quark................54
Spaghetti bolognese..................120
Spargelsuppe mit Meerrettichsahne...76

T
Tarte mit Lauch, Ziegenkäse und
 Honig................................88

V-W-Z
Vanillekuchen mit Mangopüree........220
Würstchencurry.......................142
Wraps mit Gemüse und
 Grillhähnchen........................70
Zucchini-Rucola-Suppe................78
Zucchini-Walnuss-Cranberry-Maki.....50

Rezepte nach Zutaten

A

Ananas
Ananas-Limette-Minze-Sorbet 244
Obstpäckchen mit Gewürzen 198

Apfel
Apfelkuchen 224
Bratäpfel mit Gewürzen 202
Oma Patricias Apfeltarte 214
Radicchiosalat mit Roquefort 56
Rote-Bete-Gazpacho 44
Salat mit Fenchel, Apfel und Cranberry . 58

Aprikose
Obstpäckchen mit Gewürzen 198

Aubergine
Gemüse mit Hackfleischfüllung 132
Moussaka 152
Oma Pascales Ratatouille 182
Polenta-Auberginen-Mozzarella-
  Gratin 184

Avocado
Kleine Buddha Bowl 48

B

Backpflaume
Oma Patricias Lammkeule 150

Banane
Bananencrêpes 240
Schoko-Bananen-Kuchen 226

Basilikum
Kaninchenpäckchen mit Zucchini
  und Pesto 114

Birne
Milchreis mit Birnen 204

Blattsalat
Scharfer Thai-Salat 62

Bohnen, breite
Oma Paulettes Pestosuppe 188

Bohnen, Dicke
Bohnencremesuppe mit
  Haselnüssen 80
Würstchencurry 142

Bohnen, grüne
Jägerbraten mit grünen Bohnen 138
Kaltes Mischgemüse 52

Oma Paulettes Pestosuppe 188
Opa Pascales Gemüsetortilla 90

Bohnen, rote
Chili con Carne 128
Oma Paulettes Pestosuppe 188

Bohnen, weiße
Eintopf 140
Oma Paulettes Pestosuppe 188
Oma Roses Lammragout 148

Brokkoli
Hechtnocken mit Brokkoli 174

Brombeeren
Christelles Beeren-Crumble 200

Bulgur
Kabeljau mit Bulgur, Spargel und
  Romanesco 158
Kleine Buddha Bowl 48

C

Chayote
Lachs à l'orange mit Kartoffel-
  Chayote-Püree 166

Chili
Würstchencurry 142

Chorizo
Paella 102
Oma Paulettes Taboulé 46
Scharfer Thai-Salat 62
Wraps mit Gemüse und
  Grillhähnchen 70

Cranberry
Salat mit Fenchel, Apfel und Cranberry . 58
Zucchini-Walnuss-Cranberry-Maki 50

Curry
Curryhähnchen mit Reis und Kürbis . . . 104

E

Eier
Flan 210
Kleine Buddha Bowl 48
Oma Owczareks Reibekuchen 72
Oma Pascales Reissalat 66
Oma Patricias Shakshuka mit
  Eiern 192
Opa Pascales Gemüsetortilla 90

Ente
Entenbrust mit Feigen 110
Hackfleisch-Kartoffelpüree-Auflauf 112

Erbsen
Kaltes Mischgemüse 52
Kleine Buddha Bowl 48
Masala-Hähnchen 100
Oma Claudes Pastete 84
Paella 102

Erdbeeren
Christelles Beeren-Crumble 200

Erdnuss
Salat mit Papaya und Erdnuss 64

F

Feige
Entenbrust mit Feigen 110

Feldsalat
Bruschetta mit Thunfisch und Feldsalat 68

Fenchel
Papidounes einfache Fischsuppe 178
Salat mit Fenchel, Apfel und Cranberry . 58

Fisch
Bruschetta mit Thunfisch und Feldsalat 68
Dorade mit Zitrus-Zucchini-Füllung . . . 162
Fischbällchen 74
Gebratener Thunfisch mit Zucchini 164
Gnocchi mit Blumenkohl und
  Seelachs 172
Hechtnocken mit Brokkoli 174
Kabeljau mit Bulgur, Spargel und
  Romanesco 158
Lachs à l'orange mit Kartoffel-
  Chayote-Püree 166
Lachs mit zweierlei Tagliatelle 160
Oma Pascales Reissalat 66
Panierter Kabeljau mit Selleriepüree . . . 168
Papidounes einfache Fischsuppe 178
Pizza mit Thunfisch, Kapern und
  Oliven 176
Risotto mit Lauch und Kabeljau 170

G

Gewürze
Bratäpfel mit Gewürzen 202
Obstpäckchen mit Gewürzen 198

Glasnudeln
China-Fleischbällchen mit Glasnudeln ... 130

Grieß
Oma Claudes Couscous ... 154
Oma Paulettes Taboulé ... 46

Gurke
Gazpacho aus Gurke, Melone und Minze ... 42

H–I

Haselnuss
Bohnencremesuppe mit Haselnüssen ... 80
Gnocchi mit Blumenkohl und Seelachs ... 172

Himbeeren
Christelles Beeren-Crumble ... 200
Himbeer-Charlotte ... 218
Himbeerwaffeln ... 242
Mandelkuchen mit Pistazien und Himbeeren ... 234

Honig
Tarte mit Lauch, Ziegenkäse und Honig ... 88

Huhn
Baskisches Hähnchen ... 94
Brathähnchen mit Gratin dauphinois wie bei Oma Pascale ... 96
Curryhähnchen mit Reis und Kürbis ... 104
Hähnchen-Tajine mit Zitrone und Oliven ... 98
Masala-Hähnchen ... 100
Oma Claudes Couscous ... 154
Paella ... 102
Wraps mit Gemüse und Grillhähnchen ... 70

Ingwer
Möhrensalat mit Knoblauch und Ingwer ... 60

K

Kalb
Gemüse mit Hackfleischfüllung ... 132
Oma Pascales Kalbfleischfrikassee ... 134
Ossobuco ... 136

Kaninchen
Kaninchenpäckchen mit Zucchini und Pesto ... 114

Kapern
Pizza mit Thunfisch, Kapern und Oliven ... 176

Kartoffeln
Bœuf bourguignon ... 124
Brathähnchen mit Gratin dauphinois wie bei Oma Pascale ... 96
Bruschetta mit Thunfisch und Feldsalat ... 68
Eintopf ... 140
Entenbrust mit Feigen ... 110
Fischbällchen ... 74
Gnocchi mit Blumenkohl und Seelachs ... 172
Hähnchen-Tajine mit Zitrone und Oliven ... 98
Kaltes Mischgemüse ... 52
Lachs à l'orange mit Kartoffel-Chayote-Püree ... 166
Masala-Hähnchen ... 100
Oma Owczareks Reibekuchen ... 72
Oma Pascales Eintopf ... 126
Oma Patricias Lammkeule ... 150
Oma Paulettes Pestosuppe ... 188
Oma Roses Lammragout ... 148
Opa Pascales Gemüsetortilla ... 90
Papidounes einfache Fischsuppe ... 178
Polnische Rote-Bete-Suppe ... 190
Rettichcreme mit Jakobsmuscheln ... 180
Sechs-Gemüse-Suppe ... 186
Spargelsuppe mit Meerrettichsahne ... 76
Zucchini-Rucola-Suppe ... 78

Käse
Cannelloni mit Rind und Champignons ... 118
Gemüse mit Hackfleischfüllung ... 132
Gnocchi mit Blumenkohl und Seelachs ... 172
Hamburger mit Süßkartoffelfritten ... 122
Hörnchennudeln mit Schinken und Sellerie ... 146
Lasagne mit Rind, Brocciu und Spinat ... 116
Moussaka ... 152
Oma Claudes Pastete ... 84
Pfirsich-Vanille-Tiramisu ... 206
Pizza mit Thunfisch, Kapern und Oliven ... 176
Polenta-Auberginen-Mozzarella-Gratin ... 184
Radicchiosalat mit Roquefort ... 56
Rote-Bete-Gazpacho ... 44
Salat mit Fenchel, Apfel und Cranberry ... 58
Selleriesalat mit Quark ... 54
Tarte mit Lauch, Ziegenkäse und Honig ... 88
Thunfisch-Feldsalat-Bruschetta ... 68
Zucchini-Rucola-Suppe ... 78
Zucchini-Walnuss-Cranberry-Maki ... 50

Kichererbsen
Oma Claudes Couscous ... 154

Kirschen
Oma Roses Clafoutis ... 212

Kiwi
Kiwi-Muffins ... 222

Knoblauch
Möhrensalat mit Knoblauch und Ingwer ... 60

Kohl
Eintopf ... 140
Gnocchi mit Blumenkohl und Seelachs ... 172
Kabeljau mit Bulgur, Spargel und Romanesco ... 158

Kokosmilch
Putencurry mit Kokosmilch ... 106

Koriandergrün
Möhrensuppe mit Koriandergrün und Kreuzkümmel ... 82

Kreuzkümmel
Möhrensuppe mit Koriandergrün und Kreuzkümmel ... 82

Kürbis
Curryhähnchen mit Reis und Kürbis ... 104
Kürbis-Spinat-Tarte ... 86
Pastilla mit Lamm und Wintergemüse ... 156

L

Lamm
Moussaka ... 152
Oma Claudes Couscous ... 154
Oma Patricias Lammkeule ... 150
Oma Roses Lammragout ... 148
Pastilla mit Lamm und Wintergemüse ... 156

Lauch
Eintopf ... 140
Oma Pascales Eintopf ... 126
Pastilla mit Lamm und Wintergemüse ... 156
Risotto mit Lauch und Kabeljau ... 170

REZEPTE NACH ZUTATEN

Sechs-Gemüse-Suppe 186
Tarte mit Lauch, Ziegenkäse und
  Honig................................... 88

Limette
Ananas-Limette-Minze-Sorbet......... 244

Linsen
Linseneintopf mit Würstchen 144

Löffelbiskuits
Himbeer-Charlotte 218
Pfirsich-Vanille-Tiramisu 206

M

Mais
Chili con Carne 128
Oma Pascales Reissalat 66

Mango
Kleine Buddha Bowl.................... 48
Mango-Passionsfrucht-Mousse........ 208
Obstpäckchen mit Gewürzen 198
Vanillekuchen mit Mangopüree........ 220

Meeresfrüchte
Paella 102
Rettichcreme mit Jakobsmuscheln.... 180

Meerrettich
Spargelsuppe mit Meerrettichsahne.... 76

Merguez-Würstchen
Oma Claudes Couscous 154

Milch
Flan................................... 210
Milchreis mit Birnen................... 204

Minze
Ananas-Limette-Minze-Sorbet......... 244
Gazpacho aus Gurke, Melone und
  Minze................................ 42

Möhre
Bœuf bourguignon..................... 124
Eintopf............................... 140
Kaltes Mischgemüse 52
Linseneintopf mit Würstchen 144
Möhrensalat mit Knoblauch und
  Ingwer............................... 60
Möhrensuppe mit Korianderngrün und
  Kreuzkümmel........................ 82
Oma Claudes Couscous 154
Oma Pascales Eintopf 126
Oma Pascales Kalbfleischfrikassee ... 134
Oma Paulettes Pestosuppe 188
Ossobuco............................. 136

Polnische Rote-Bete-Suppe........... 190
Sechs-Gemüse-Suppe 186
Wraps mit Gemüse und
  Grillhähnchen....................... 70

N

Nektarine
Obstpäckchen mit Gewürzen 198

Nudeln
Cannelloni mit Rind und
  Champignons....................... 118
Hörnchennudeln mit Schinken und
  Sellerie 146
Lachs mit zweierlei Tagliatelle........ 160
Lasagne mit Rind, Brocciu und Spinat .. 116
Oma Paulettes Pestosuppe 188
Spaghetti bolognese 120

O

Olive
China-Fleischbällchen mit
  Glasnudeln......................... 130
Hähnchen-Tajine mit Zitrone und
  Oliven 98
Oma Pascales Reissalat 66
Pizza mit Thunfisch, Kapern und
  Oliven 176

Orange
Dorade mit Zitrus-Zucchini-Füllung ... 162
Lachs à l'orange mit Kartoffel-
  Chayote-Püree...................... 166

P

Papaya
Salat mit Papaya und Erdnuss 64

Paprika
Baskisches Hähnchen.................. 94
Gemüse mit Hackfleischfüllung........ 132
Oma Pascales Ratatouille 182
Oma Pascales Reissalat 66
Oma Patricias Shakshuka mit Eiern.... 192
Oma Paulettes Taboulé 46
Opa Pascales Gemüsetortilla........... 90

Polenta
Polenta-Auberginen-Mozzarella-
  Gratin 184

Passionsfrucht
Mango-Passionsfrucht-Mousse........ 208

Pastinake
Oma Owczareks Reibekuchen 72

Pfirsich
Pfirsich-Vanille-Tiramisu 206

Pilze
Cannelloni mit Rind und
  Champignons....................... 118
China-Fleischbällchen mit
  Glasnudeln......................... 130
Jägerbraten mit grünen Bohnen....... 138
Oma Pascales Kalbfleischfrikassee..... 134

Pinienkerne
Kaninchenpäckchen mit Zucchini
  und Pesto........................... 114

Pistazie
Mandelkuchen mit Pistazien und
  Himbeeren.......................... 234

Pute
Putencurry mit Kokosmilch 106
Putenschnitzel mit Crème fraîche
  und Steckrüben..................... 108

R

Radicchio
Radicchiosalat mit Roquefort 56

Reis
Chili con Carne 128
Curryhähnchen mit Reis und
  Kürbis.............................. 104
Gemüse mit Hackfleischfüllung........ 132
Milchreis mit Birnen 204
Oma Pascales Kalbfleischfrikassee..... 134
Oma Pascales Reissalat 66
Ossobuco............................. 136
Paella 102
Risotto mit Lauch und Kabeljau....... 170

Rettich
Rettichcreme mit Jakobsmuscheln.... 180
Wraps mit Gemüse und
  Grillhähnchen....................... 70

Rind
Bœuf bourguignon..................... 124
Cannelloni mit Rind und
  Champignons....................... 118
Chili con Carne 128
China-Fleischbällchen mit
  Glasnudeln......................... 130
Hamburger mit Süßkartoffelfritten 122
Lasagne mit Rind, Brocciu und Spinat .. 116

REGISTER

Oma Pascales Eintopf 126
Spaghetti bolognese 120

Rosinen
Katzenzungen mit Rosinen 232
Radicchiosalat mit Roquefort 56

Rote Bete
Polnische Rote-Bete-Suppe 190
Rote-Bete-Gazpacho 44

Rote Johannisbeeren
Rote-Johannisbeer-Tarte 216

Rucola
Zucchini-Rucola-Suppe 78

S

Schokolade
Oma Roses Weihnachtskuchen 228
Schoko-Bananen-Kuchen 226

Schwein
Eintopf 140
Hörnchennudeln mit Schinken und Sellerie 146
Jägerbraten mit grünen Bohnen 138

Sellerie
Hörnchennudeln mit Schinken und Sellerie 146
Panierter Kabeljau mit Selleriepüree ... 168
Papidounes einfache Fischsuppe 178
Sechs-Gemüse-Suppe 186
Selleriesalat mit Quark 54

Spargel
Kabeljau mit Bulgur, Spargel und Romanesco 158
Spargelsuppe mit Meerrettichsahne ... 76

Speck, Speckstreifen
Bœuf bourguignon 124
Hamburger mit Süßkartoffelfritten 122
Linseneintopf mit Würstchen 144
Oma Claudes Pastete 84

Speiserübe
Eintopf 140
Kaltes Mischgemüse 52
Oma Claudes Couscous 154
Oma Pascales Eintopf 126
Sechs-Gemüse-Suppe 186

Spinat
Kürbis-Spinat-Tarte 86
Lasagne mit Rind, Brocciu und Spinat ...116

Oma Claudes Pastete 84
Pastilla mit Lamm und Wintergemüse 156
Salat mit Fenchel, Apfel und Cranberry . 58
Sechs-Gemüse-Suppe 186

Steckrübe
Putenschnitzel mit Crème fraîche und Steckrüben 108

Süßkartoffel
Hackfleisch-Kartoffelpüree-Auflauf 112
Hamburger mit Süßkartoffelfritten 122

T

Tomate
Baskisches Hähnchen 94
Cannelloni mit Rind und Champignons 118
Chili con Carne 128
Hamburger mit Süßkartoffelfritten 122
Moussaka 152
Oma Claudes Couscous 154
Oma Pascales Ratatouille 182
Oma Patricias Shakshuka mit Eiern 192
Oma Paulettes Pestosuppe 188
Oma Paulettes Taboulé 46
Ossobuco 136
Paella 102
Pizza mit Thunfisch, Kapern und Oliven 176
Polenta-Auberginen-Mozzarella-Gratin 184
Putencurry mit Kokosmilch 106
Würstchencurry 142
Scharfer Thai-Salat 62
Spaghetti bolognese 120

V–W

Vanille
Pfirsich-Vanille-Tiramisu 206
Vanillekuchen mit Mangopüree 220

Walnuss
Zucchini-Walnuss-Cranberry-Maki 50

Wassermelone
Melonen-Gazpacho mit Zitronenverbene 196

Wein
Bœuf bourguignon 124
Oma Roses Lammragout 148

Würstchen
Eintopf 140
Linseneintopf mit Würstchen 144
Würstchencurry 142

Z

Zitrone
Dorade mit Zitrus-Zucchini-Füllung ... 162
Hähnchen-Tajine mit Zitrone und Oliven 98
Oma Patricias Zitronen-Madeleines ...236

Zitronenverbene
Melonen-Gazpacho mit Zitronenverbene 196

Zucchini
Dorade mit Zitrus-Zucchini-Füllung ... 162
Gebratener Thunfisch mit Zucchini 164
Gemüse mit Hackfleischfüllung 132
Kaninchenpäckchen mit Zucchini und Pesto 114
Kleine Buddha Bowl 48
Lachs mit zweierlei Tagliatelle 160
Oma Claudes Couscous 154
Oma Pascales Ratatouille 182
Putencurry mit Kokosmilch 106
Zucchini-Rucola-Suppe 78
Zucchini-Walnuss-Cranberry-Maki 50

Zuckermelone
Gazpacho aus Gurke, Melone und Minze 42
Melonen-Gazpacho mit Zitronenverbene 196

Zuckerschoten
Kleine Buddha Bowl 48

Bildnachweis

Coverfotos, Fotos Babyrezepte und Fotos auf den Einleitungsseiten (8, 40, 92, 194)

© Alix Marnat

Fotos Rezepte

© Delphine Amar-Constantini (S. 52); © Olivier Ploton (S. 54, 60, 82); © Charlotte Brunet (S. 76, 80); © Guillaume Czertw/Styl. Alexia Janny (S. 118, 134, 154); © Amélie Roche /Styl. Alexia Janny (S. 126); © M. Balme/Styl. L. Dauchy (S. 140); © Emanuela Cino/Styl. Anne Loiseau (S. 220)

© Shutterstock.com/Yuliia Holovchenko (S. 42); Natacha Breen (S. 44); Nataliya Arzamasova (S. 46); Elenadesign (S. 48); Nelli Syrotynska (S. 56); AnjelikaGr (S. 58); svariophoto (S. 66); iuliia_n (S. 68); 3523studio (S. 70); Anna Hoychuk (S. 72); Mariontxa (S. 74); ziashusha (S. 78); AS Food studio (S. 84, 104, 152, 236); Lisovskaya Natalia (S. 88); DronG (S. 90); margouillat photo (S. 94, 214, 228); Irina Meliuk (S. 96); Elzbieta Sekowska (S. 98); Joe Gough (S. 100); Martiapunts (S. 102); Maria Kovaleva (S. 106, 130, 172); ShootFood (S. 108); freeskyline (S. 110); Tatiana Vorona (S. 112, 116); stockcreations (S. 120); Alias Studiot Oy (S. 122); Dani Vincek (S. 124); Liliya Kandrashevich (S. 128); Brent Hofacker (S. 138); gowithstock (S. 146); Irina Rostokina (S. 148); hlphoto (S. 150); Konstantin Kopachinsky (S. 156); Mateusz Gzik (S. 158); DenisProduction.com (S. 162); Marina Shanti (S. 166); Athina Psoma (S. 168); marco mayer (S. 170); Foodpictures (S. 174); Barbara Dudzinska (S. 176); Lucky_elephant (S. 182); valeriiaarnaud (S. 184); Volosina (S. 186); Olga Dekush (190); istetiana (S. 192, 206); Anna_Pustynnikova (S. 196); Elena Lapshina (S. 200); Simon The Sorcerer (S. 202); catalina.m (S. 204); Hans Geel (S. 208); Anastasia Panait (S. 212); Heike Rau (S. 216); Lesya Dolyuk (S. 218); Oxana Denezhkina (S. 224); Stepanek Photography (S. 226); Immstudio (S. 238); circlePS (S. 240); Foodpics (S. 242); HandmadePictures (S. 244)

Fotos Zutaten

© Shutterstock, © Thinkstock, © Larousse